公共采购评论

马海涛　姜爱华/主编

中国财经出版传媒集团
经济科学出版社
Economic Science Press

图书在版编目（CIP）数据

公共采购评论/马海涛，姜爱华主编. —北京：经济科学出版社，2018.2
ISBN 978 – 7 – 5141 – 9090 – 8

Ⅰ.①公… Ⅱ.①马…②姜… Ⅲ.①政府采购制度-文集 Ⅳ.①F810.2 – 53

中国版本图书馆 CIP 数据核字（2018）第 041635 号

责任编辑：刘　斌　刘思源
责任校对：刘　昕
版式设计：齐　杰
责任印制：王世伟

公共采购评论

马海涛　姜爱华/主编
经济科学出版社出版、发行　新华书店经销
社址：北京市海淀区阜成路甲 28 号　邮编：100142
总编部电话：010 – 88191217　发行部电话：010 – 88191522
网址：www.esp.com.cn
电子邮件：esp@esp.com.cn
天猫网店：经济科学出版社旗舰店
网址：http://jjkxcbs.tmall.com
北京季蜂印刷有限公司印装
787×1092　16 开　11 印张　220000 字
2018 年 4 月第 1 版　2018 年 4 月第 1 次印刷
ISBN 978 – 7 – 5141 – 9090 – 8　定价：36.00 元
（图书出现印装问题，本社负责调换。电话：010 – 88191510）
（版权所有　侵权必究　举报电话：010 – 88191586
电子邮箱：dbts@esp.com.cn）

卷 首 语

公共采购是建立现代财政制度的主要内容之一，是完善国家治理体系、实现国家治理现代化的重要工具；同时，也是全球化背景下国际交往的重要平台。

我国于20世纪90年代末开始构建现代化公共采购制度。时至今日，无论是公共采购的理论还是实践，都取得了长足发展。理论上，有关公共采购中政府与市场的关系、公共采购的法律属性和公共采购"物有所值"目标等已基本形成共识；实践上，公共采购的规模不断扩大、形式不断创新、制度框架不断完善，在社会经济中的影响越来越广泛，融入全球公共市场开放的步伐也在加快。但与此同时，随着理论和实践的不断深入，新的问题也不断涌现，理论亟待创新，"中国特色"公共采购实践也需要及时总结。公共采购作为一个学科，其跨经济学、管理学、政治学、社会学、法学等的交叉学科属性也日渐凸显。

为了促进中国公共采购学科的进一步发展，推进公共采购理论研究，由中央财经大学财政税务学院、国际关系学院公共市场与政府采购研究所、中国政府采购杂志社联合发起出版《公共采购评论》。《公共采购评论》着眼于公共采购改革实践，着力于解决公共采购实践中的重要理论问题，涵盖"公共采购基本理论""政府购买服务""政府采购""政府与社会资本合作（PPP）模式""公共资源交易"等研究领域。我们希望，通过《公共采购评论》的出版，能够引领中国公共采购理论研究，推进公共采购实践的科学发展，促进不同学科的思想碰撞，为中国公共采购事业的发展贡献一份微薄之力。

马海涛　姜爱华

目 录
Contents

迈上现代治理新台阶的中国政府采购制度
　——回顾与展望 ………………………………………… 姜爱华　马海涛（ 1 ）
公共市场与公共资源交易改革中的风险及安全问题 ……… 刘　慧　张睿君（31）
投标报价低于成本的探究与实践 ……………………………… 何红锋　徐亚立（53）
PPP 项目政府采购中的问题研究 ……………………………… 温来成　翟义刚（69）
基于财政风险视角的 PPP 模式采购制度优化 ………… 唐祥来　杨　波　李　琳（79）
英国医疗服务采购法研究 ……………………………………… 曹富国　周　芬（95）
政府公共医疗采购合同的最优路径研究：模型分析与实证检验 …………… 刘丁蓉（110）
政府购买公共服务中的组织间管理控制：基于流程观的分析 ……………… 何　晴（124）
构建基于主体责任的政府向社会力量购买公共服务全过程财政监督机制 …… 杨燕英（140）
治理现代化视角下政府购买涉税服务的标准界定与程序规范 ……… 王怡璞　朱婷婷（156）

迈上现代治理新台阶的中国政府采购制度
——回顾与展望

姜爱华 马海涛[*]

摘 要： 我国政府采购制度经过二十多年的发展，框架已基本形成、政府采购范围和规模不断扩大、采购模式与方法体系逐步完善、全链条采购监管体系初步构建、政府采购政策功能逐渐发力以及我国在不断主动融入政府采购领域全球化。但是当前政府采购仍面临诸如顶层设计需完善、采购全链条管理需强化、效率需提高、公开透明需增强、政策功能需提升、监管机制需健全、市场开放需研究以及相关改革需理顺等问题，基于这样的分析，本文基于国家治理视角提出了未来完善我国政府采购制度的具体改革建议。

关键词： 政府采购 顶层设计 物有所值 电子化

中图分类号： F8

在构建国家治理体系和推进国家治理能力现代化的背景下，政府采购作为建设现代财政制度的重要内容，是构建国家治理的重要工具之一，也是提升国家治理能力现代化的重要一环。我国于1996年开始政府采购制度改革试点，经过二十多年的发展，从无到有，建立了一套相对完整的政府采购制度和管理体制，推动了政府采购事业的长足发展，促进了财政支出管理的科学化和财政制度建设的现代化。近年来，随着"国家治理"概念的提出，政府采购也逐步迈向现代治理，向具有中国特色的政府采购治理①转变。政府采购制度设立之初，其主要目标在于"规范政府采购行为，提高政府采购资金的使用效益"，政府采购治理体系也主要围绕"程序管理"进行。但随着政府采购制度的发展，政府采购治理理念发生了变化，目标的多元化逐渐显现，治理环境发生了改变，治理手段也在发生变化，治理体系也在逐步做出相应调整。

---

[*] 姜爱华：中央财经大学财政税务学院教授、博导；马海涛：中央财经大学副校长、教授、博导。

① 关于"政府采购治理"，目前有两种不同的理解：一种是认为政府采购中存在寻租、腐败等问题，因此需要对政府采购进行治理，如杨燕英、张相林（2011）；另一种观点认为，"政府采购"本身是一种治理工具和治理模式，如黄民锦（2014）。本文采纳第二种观点，并且认为政府采购治理是现代政府治理体系的组成部分，并提出其自身独具体系，涵盖政府采购治理理念、治理目标、治理手段、治理内容等。

本文分析了我国政府采购改革发展取得的成效，分析了当前政府采购制度中存在的问题，在借鉴国际政府采购改革新趋势的基础上，以国家治理的视角对未来完善我国政府采购制度改革提出了对策建议。

一、我国政府采购改革发展取得的主要成效

我国政府采购在短短的二十多年时间里，走过了发达国家政府采购制度200多年走过的历程。从制度构建，到落地实施，到效果显现，都得到了飞速发展，其对经济社会的影响也越来越大。这些改革，适应了经济新常态下我国供给侧结构性改革的需要，适应了政府职能转变、"简政放权"的需要，贯彻了"创新、协调、绿色、开放、共享"的新发展理念，也展现了中国作为一个发展中大国主动参与和推动经济全球化的姿态。

（一）政府采购制度框架已初步形成

我国政府采购的立法进程相对较快，从2002年《中华人民共和国政府采购法》（以下简称《政府采购法》）颁布至今，仅中央层面专门针对政府采购方面的法律法规就出台了近60部，从而已初步形成了以《中华人民共和国政府采购法》为统领，以《中华人民共和国政府采购法实施条例》（以下简称《实施条例》）为支撑，以《政府采购信息公告管理办法》（财政部令第19号）、《政府采购供应商投诉处理办法》（财政部令第20号）、《政府采购非招标采购方式管理办法》（财政部令第74号）、《政府采购货物和服务招标投标管理办法》（财政部令第87号）等规章办法为依托，以各级指导性文件为补充的较为完善的政府采购法律制度框架，涵盖了体制机制、程序操作、政策执行、基础管理及监督处罚等各个方面的内容。地方政府也在此框架下结合实际对辖区内的政府采购制度进行了规范。这些法律法规制度有效规范了财政支出行为、维护了政府采购市场交易秩序，奠定了政府采购市场良性发展的基石。与2000年颁布的《中华人民共和国招标投标法》（以下简称《招标投标法》）及其相关法律法规相衔接，我国已初步建立了覆盖货物、工程和服务的较为完善的公共采购法律制度框架。

（二）政府采购范围和规模不断扩大

政府采购的对象范围由最初的主要限于货物采购，逐步扩大到了服务以及工程。

货物类采购从通用类货物向专用类货物延伸;服务类采购从传统的专业服务逐步扩展到公共服务、服务外包等新型服务领域;工程类采购开始逐步纳入政府采购管理范围。政府采购的资金范围也明确为"纳入预算管理的资金"①,而且规定了两种"视同财政性资金"需要进行政府采购的情况②。

与此相适应,政府采购规模也得到了快速发展,节约资金效果明显。1998年全国政府采购规模为31亿元,到2016年,政府采购规模已经达到了25731.4亿元③;其占GDP的比重由1998年的0.04%,上升到2016年的3.46%;占财政支出的比重从1998年的0.29%,上升到2016年的13.7%,见表1。特别是,近年来随着政府购买服务改革的推进,服务类采购规模大幅增长。2003年服务类采购规模仅103.8亿元,到2016年同口径增长到4860.8亿元,2015年、2016年增长速度分别为72.9%和45.4%。④数据显示,我国政府采购规模由2002年的1009亿元增加到2011年1.13万亿元,10年间增长了10倍,累计节约财政资金6600多亿元⑤,每年政府采购资金节约率都在10%以上⑥,很好地提高了财政资金的使用效益。

表1　　　　　1998~2016全国政府采购规模情况　　　　　单位:亿元

年份	政府采购规模	GDP	财政支出规模	政府采购/GDP(%)	政府采购/财政支出(%)
1998	31.0	85195.50	10798.18	0.04	0.29
2000	328.0	100280.10	15886.50	0.33	2.06
2001	653.2	110863.10	18902.58	0.59	3.46
2002	1009.6	121717.40	22053.15	0.83	4.58
2003	1659.4	137422.00	24649.95	1.21	6.73

---

① 2015年出台的《政府采购法实施条例》明确规定:财政性资金是指纳入预算管理的资金。而《中华人民共和国预算法》(2014)中指出,预算包括一般公共预算、政府性基金预算、国有资本经营预算、社会保险基金预算。

② 这两种情况包括:以财政性资金作为还款来源的借贷资金;采购项目既使用财政性资金又使用非财政性资金的,且财政性资金与非财政性资金无法分割采购的。

③ 2016年全国采购规模为31089.8亿元,剔除一些地方以政府购买服务方式实施的棚户区改造和轨道交通等工程建设项目相关支出5358.5亿元,全国政府采购同口径规模为25731.4亿元。

④ 财政部网站公开数据。具体网址:http://www.mof.gov.cn/mofhome/guokusi/redianzhuanti/zhengfucaigouguanli/201608/t20160811_2385409.html; http://gks.mof.gov.cn/redianzhuanti/zhengfucaigouguanli/201708/t20170824_2683523.html。

⑤ 《政府采购法颁布10年节约6600亿资金》,载于《中国经济时报》,2012年07月02日。http://finance.sina.com.cn/roll/20120702/095412453547.shtml。

⑥ 通过测算,2002~2011年平均节约率为12%左右。另,财政部公开数据显示,2012年政府采购资金节约率为11.7%,2013年资金节约率为10.3%。

续表

年份	政府采购规模	GDP	财政支出规模	政府采购/GDP（%）	政府采购/财政支出（%）
2004	2135.7	161840.20	28486.89	1.32	7.50
2005	2927.6	187318.90	33930.28	1.56	8.63
2006	3681.0	219438.50	40422.73	1.68	9.11
2007	4660.9	270232.30	49781.35	1.72	9.36
2008	5990.9	319515.50	62592.66	1.87	9.57
2009	7413.2	349081.40	76299.93	2.12	9.72
2010	8420.8	413030.30	89874.16	2.04	9.37
2011	11332.5	489300.60	109247.79	2.32	10.37
2012	13977.7	540367.40	125952.97	2.59	11.10
2013	16381.1	595244.40	140212.10	2.75	11.68
2014	17305.3	643974.00	151785.56	2.69	11.40
2015	21070.5	685505.80	175877.77	3.07	11.98
2016	25731.4	744127.00	187841.00	3.46	13.70

资料来源：1998~2015年各年财政支出和GDP来自《中国统计年鉴》（2016），政府采购数据来自《中国统计年鉴》和财政部网站，2016年政府采购、财政支出和GDP数据分别来自财政部和国家统计局网站。

（三）采购模式与方式体系逐步完善

一是从采购模式上看，我国采取了集中采购与分散采购相结合的方式。即列入集中采购目录以内的实行集中采购，不在集中采购目录以内但达到规定限额以上的实行分散采购，这较好地发挥了集中采购的统一性和分散采购的灵活性。其中，集中采购又分为"政府集中采购"和"部门集中采购"两类。表2列示了我国2008年以来不同采购模式所占比重情况。

表2　　　　　2008年以来不同采购模式所占比重情况　　　　　单位：%

年份	政府集中采购比重	部门集中采购比重	分散采购比重
2008	比上年增长32.6	比上年增长20.8	—
2009	比上年增长26.1	比上年增长22	—
2010	—	—	—
2011	66.5	19.9	13.6
2012	65.2	—	—

续表

年份	政府集中采购比重	部门集中采购比重	分散采购比重
2013	65.5	—	比上年略有上升
2014	84.8		15.2
2015	79.3		20.7
2016	52.9	19.7	27.4

资料来源：财政部公开数据资料，部分年份数据系根据公开资料推断得出，如2014年数据系根据2015年公开资料中提及，"2015年分散采购金额为4365亿元，占全国政府采购规模的比重为20.7%，较上年上升5.5%"。

从实践来看，我国在实施政府采购初期，依托"政府采购中心"这类集中采购代理机构的相对更加规范的集中采购模式被广泛推广，因此集中采购占全部采购金额中的比重呈逐步上升趋势，在2014年集中采购所占比重将近85%，达到峰值。但随着国务院"简政放权"改革的推进，各地政府调整政府集中采购目录，集中采购项目相应减少，相应的，分散采购所占比重逐渐提高。从2015年和2016年看，分散采购所占的比重大幅增加，但即便如此，集中采购占主导的地位没有发生改变。

二是针对不同情况设立了多种采购方式，且适用条件越来越清晰。《政府采购法》中规定了公开招标、邀请招标、竞争性谈判、单一来源、询价五种具体采购方式。同时，法律也规定国务院政府采购监管部门可以规定除此之外的其他采购方式。由于公开招标是政府采购的主要采购方式，为了规范这类采购方式，2004年，在《政府采购法》实施一年后，财政部发布了财政部第18号令《政府采购货物和服务招标投标管理办法》，专门对货物和服务招标投标方式进行了规范。随着非公开招标方式在实践中出现的不规范现象的增多，2013年底，财政部发布了第74号令《政府采购非招标采购方式管理办法》，专门对非招标采购方式进行了比较详细的规定。2014年底，为适应政府购买服务和PPP改革的需要，财政部新增了"竞争性磋商"采购方式。2017年，根据政府采购实践发展，又用第87号令替代了第18号令。多样化的采购方式适应了采购形势发展的需要，健全了政府采购方式体系，规范了政府采购行为。

与"集中采购"所占比重变化趋势一致，在全部政府采购金额中，公开招标所占的份额也经历了一个先升后降的过程，如表3所示。公开招标的比重也基本以2014年为界，经历了先升后降的过程。特别是，2016年以来适应"简政放权"需要，各地大幅提高了公开招标数额标准，公开招标所占比重大幅下降。

表3　　　　　　　2008年以来公开招标金额占全部政府采购金额　　　　　单位：%

年份	公开招标比重	分散采购比重
2008	71.6	28.4
2009	75.2	24.8
2010	77	23
2011	80.7	19.3
2012	83.8	16.2
2013	83.3	16.7
2014	84.5	15.5
2015	77.9	22.1
2016	64.1	35.9

资料来源：财政部公开数据资料，部分年份数据系根据公开资料推断得出，如2014年数据系根据2015年公开资料中提及，公开招标"所占比重比上年下降6.6个百分点"。

三是从采购手段上看，旨在提高效率的电子化采购方式持续推进。各地政府拓宽电商平台销售渠道，扩大竞争范围，实行全网比价，由采购人进行比对，自由选择。如浙江省的"政采云"平台，安徽省的"徽采商城"等。不少地方还在电子化集中采购推进二次竞价管理模式，大幅提高采购效率、降低采购价格，通过"跟单"模式，让零星采购项目也能享受议价成果。

（四）全链条采购监管体系初步构建

一是建立了"管采分离"的政府采购监管机制。在政府采购监督管理部门统一管理监督下，采购单位、集中采购机构等执行操作部门依法组织具体采购活动。政府采购监督管理部门负责采购政策和规章制度的制定、指导和监督采购单位和集中采购机构开展工作，协调各个采购关系、投诉处理和检查处罚等管理性工作，不参与、不干预具体采购交易活动。采购单位是采购项目需求者和使用者，作为采购主体要执行政府采购各项规章制度，将政府集中采购目录中的项目，委托集中采购机构实施采购，非集中采购目录以内但达到限额标准以上的则委托除集中采购机构外的其他采购代理机构采购或者自行组织采购。集中采购机构是政府设立强制代理政府集中采购目录项目采购活动的代理机构，集中采购机构是采购执行机构，不具有管理职能。

二是将监管链条延伸到需求和结果管理。我国政府采购制度建立之初，其主要目标集中在"节支反腐"，从而政府采购管理的焦点也主要集中在程序管理上，以期用规范化的程序设计卡住"腐败"的关键点，以程序为导向的管理模式在初期对节约财政资金，扭转原来政府采购不规范现象起到了积极作用。但随着改革的深入，程序导向管理的弊端日渐显现，其忽视了采购需求管理和采购结果管理，导致出现采购效率低、"价高质次"、"低价恶性竞争"、超标准需求等现象。近年来采购管理开始向前端的需求管理和后端的结果管理延伸，全链条采购管理体系逐步构建。在采购准备阶段，要求采购人和采购代理机构科学合理确定采购需求；在采购程序进行中，规范政府采购方式的选择；在采购程序结束后，要求采购人和代理机构严格规范开展履约验收，推进政府采购管理结果导向。例如，从2011年起，结合采购人的现实需要，我国深化了批量集中采购改革，将协议供货价格联动机制扩大到所有批量集中采购品目，努力解决协议供货产品价格虚高问题。2015年《政府采购法实施条例》（以下简称《实施条例》）实施以来，覆盖采购全生命周期过程的采购管理体系逐步形成。

三是强化了政府采购信息公开制度。在《政府采购法》树立"公开透明"原则的基础上，《实施条例》以政府采购全过程信息公开的目标为导向，进一步规定采购项目信息、采购文件、中标成交结果、采购合同和投诉处理结果等都必须在指定媒体上公开。2017年财政部又颁发了《关于进一步做好政府采购信息公开工作有关事项的通知》（财库〔2017〕86号），再次对政府采购信息公开工作提出了更高要求。

四是加强了政府采购内控制度建设。2016年财政部发布了《关于加强政府采购活动内部控制管理的指导意见》（财库〔2016〕99号），进一步规范政府采购活动中的权力运行，强化内部流程控制，促进政府采购提质增效。

五是围绕"专家和代理机构监管不到位"问题，健全监管体制机制，加强监督检查和警示教育。例如，《实施条例》在原有《政府采购法》的基础上通过进一步明确评审专家的管理主体，确立随机抽取、动态管理的原则，明晰评审专家的权利义务，规范评审专家的行为，并通过对评审专家违法行为的处罚力度等方式加强了对评审专家的规范管理。2016年财政部印发《政府采购评审专家管理办法》（财库〔2016〕198号），着重解决专家不专、专家权利责任不对等、专家数量不足等问题，还发布了《政府采购代理机构监督管理办法（征求意见稿）》，重点解决代理机构无序竞争、专业化能力不足、违规操作、执业能力不足等问题。

六是在"简政放权"与"放、管、服"改革的大背景下，大力减少审批审核数量，简化审批审核流程，加强事中事后监管。如，2014年9月以来，社会代理机构代理政府采购业务不再需要财政部门进行审批，但对代理机构的监管同时得到了加强。财政部门每年都对代理机构进行抽查，推行"双随机一公开"运行机制，强化了对代理机构的监管；提高货物服务的公开招标数额标准和分散采购限额标准；落实和细化了中央关于扩大高校、科研院所采购自主权的政策措施，中央高校、科研院所可自行采购科研仪器设备和自行选择科研仪器设备评审专家，对进口科研仪器设备实行备案制管理;实行采购单位一揽子申请变更采购方式和采购进口产品"部门集中论证、财政统一批复",对审批审核实行限时办结制,对符合要求的审批项目5个工作日内完成批复;建立对中央预算单位政府采购预算和计划编报情况、变更政府采购方式审批和采购进口产品审核事项执行情况、政府采购信息公开要求落实情况的常态化动态监管机制;推进联合惩戒,建立健全部门协同监管机制。主动加强与纪检监察、审计部门的协调配合,从信息共享和工作协调等方面,进一步完善政府采购协同监管机制。

(五)政府采购的政策功能逐渐发力

我国《政府采购法》第九条规定:"政府采购应当有助于实现国家的经济和社会发展的政策目标,包括环境保护,扶持不发达地区和少数民族地区发展,促进中小企业发展等。"《中国国民经济和社会发展"十一五"规划纲要》首次把政府采购列为与财税手段、金融手段并列的宏观经济调控手段,使政府采购从单纯的财政支出管理手段上升为国家实现宏观经济和社会目标的公共政策工具。《实施条例》进一步完善了政府采购政策的相关规定,指出应通过制定采购需求标准、预留采购份额、价格评审优惠、优先采购等措施,实现节约能源,保护环境,扶持不发达地区和少数民族地区,促进中小企业发展、维护国家安全等目标。

目前,我国已经建立起涵盖支持绿色产业、支持中小企业、支持残疾人就业等内容的政府采购政策支持体系。2004年财政部、国家发展改革委发布的《节能产品政府采购实施意见》(财库〔2004〕185号)。2007年财政部和国家环保总局发布《环境标志产品政府采购实施意见财库〔2006〕90号》,国务院办公厅发布《关于建立政府强制采购节能产品制度的通知》(国办发〔2007〕51号)。截至2017年,"节能产品政府采购清单"和"环境标志产品政府采购清单"分别发布了第二十二期和第二十期,节能环保产品范围不断扩大。2011年财政部发布的《政府采购促进中小企业发展暂行办法》(财库〔2011〕181号)。2017年,我国又发布了《关于促进残疾人就业政府采购政策的通知》(财库〔2017〕141号),以发挥政府采购促进残疾人就业的作用。表4显示了我国政府采购支持节能、环保产品和支持中小企业发展的实现程度。2008~2016年节能产品占同类产品采购额度均占64%以上,环保产品也基本都在60%以上。特别是2013年节能产品占比高达86%,环保产品也在2013年以来呈现较大幅度的增长,主要原因可能在于当年发布了《国务院关于加快发展节能环保产业的意见》(国发〔2013〕30号),提出要"扩大政府采购节能环保产品范围,不断提高节能环保产品采购比例,发挥示范带动作用"。此外,向中小微企业采购的金额占全部采购金额的76%以上,特别是,对小微企业的采购也都在40%以上。

表4　　　　　　　　2007~2016年政府采购政策功能实现程度

类别	年份	2007	2008	2009	2010	2011	2012	2013	2014	2015	2016
节能产品	绝对额（亿元）	108.2	131.9	157.2	721.5	910.6	1280.7	1839.1	2100	1346.3	1344
节能产品	同类产品规模占比（%）	—	64.00	64.60	77.60	82.21	84.60	86	81.70	71.50	76.20
环保产品	绝对额（亿元）	—	171.2	144.9	601.7	739.8	939.6	1434.9	1762.4	1360	1360
环保产品	同类产品规模占比（%）	—	69.00	73.80	55.40	59.59	68.30	82.00	75.30	81.50	81.50
中小微企业	绝对额（亿元）	—	—	—	—	9016.5	10830	12454	13179.76	16072.2	24036.2
中小微企业	占全部采购金额的比重（%）	—	—	—	—	79.60	77.50	76.00	76.20	76.30	77.30
小微企业	绝对额（亿元）	—	—	—	—	—	5842.8	5765.3	6020.84	6564.6	10193.9
小微企业	占中小微企业的比重（%）	—	—	—	—	—	54.00	46.30	45.70	40.80	42.40

注：2011年财政部印发《政府采购促进中小企业发展暂行办法》的通知（财库〔2011〕181号），才对小微企业给予专门支持，故之前的统计年鉴没有专门列示中小企业采购占比。
资料来源：财政部公开数据，2008~2013年中国政府采购年鉴。

事实上，近年来，政府采购在支持监狱企业发展上也有所作为，如2015年全国政府采购授予监狱企业的合同额为1.4亿元[①]。同时，为促进自主创新，部分地方已经开始落实政府采购首购、订购政策。

（六）主动融入政府采购领域全球化

我国坚持"改革开放"的基本国策，在不断深化政府采购改革的同时，不断推

---
① 财政部国库司，2015年全国政府采购简要情况，http：//gks.mof.gov.cn/redianzhuanti/zhengfucaigouguanli/201608/t20160811_2385409.html。

进政府采购市场开放，主动融入政府采购领域全球化。政府采购市场开放，意味着一国财政支出管理已经不囿于国内而是走向世界，同时也表明一国财政在全球的参与权和话语权的增加，是大国财政的重要体现。我国政府采购制度改革发展历程中，非常重视政府采购市场开放、推动经济全球化。1996 年我国开始参加亚太经济合作组织政府采购专家组活动，参与政府采购非约束性原则的制定，并积极参与政府采购磋商和交流。2005 年以来，财政部先后在政府采购领域与欧盟建立了政府采购对话机制，与美国建立了政府采购技术性磋商机制，并先后与澳大利亚、新西兰和韩国在自由贸易区框架下开展政府采购谈判。2007 年，我国启动了加入世界贸易组织《政府采购协议》（Agreement on Government Procurement，GPA）① 的谈判，履行了加入世界贸易组织时的相关承诺，截至 2014 年年底，已提交了六份载明政府采购市场开放范围的出价清单，并提交了《政府采购国情报告》，请参加方对我国政府采购法律制度进行审议。表 5 列出了我国加入 GPA 提交的六次出价清单情况。

表 5　　　　　　　　我国加入 GPA 的六次谈判出价情况

出价时间	开放实体	门槛价	采购范围	过渡期
2007 年 12 月	中央实体（50 个）：外交部、国家发展和改革委员会、教育部等。 其他实体（14 个）：新华通讯社、中国科学院、中国社会科学院等	货物：50 万 SDR* 服务：400 万 SDR 工程：2 亿 SDR	根据我国《政府采购品目分类表》（财库〔2000〕10 号）确定的 A03（一般设备类）、A04（办公消耗用品）、A05（建筑、装饰材料）、B01（建筑物）、C06（租赁）、C09（培训）	15 年
2010 年 7 月	中央实体（65 个）：在初次出价清单的基础上，新增国家粮食局、能源局、国防科技财富局、烟草专卖局等 15 个采购实体	货物和服务：实施后第 1 年 50 万 SDR 逐步降低至第 5 年起 20 万 SDR。 工程：从实施后第 1 年 1 亿 SDR 逐步降低至第 5 年起 1500 万 SDR	将初次出价中按照我国《政府采购品目分类表》标准调整至联合国《主要产品分类》（CPC**）确定的货物、工程和服务明细	5 年
2011 年 11 月	除 65 个中央实体外，地方实体包括：北京、上海、天津、江苏、浙江 5 个次中央级政府的 171 个实体被纳入	货物和服务未作调整 工程：中央采购实体，从实施后第 1 年的 8000 万 SDR，逐步降为第 5 年起 1500 万 SDR；地方采购实体，从实施后第 1 年的 1.5 亿 SDR，逐步降为第 5 年起 3000 万 SDR	未作调整	5 年

---

① GPA 是世界贸易组织（WTO）的一项诸边协议，目标是促进成员方开放政府采购市场，扩大国际贸易。GPA 由 WTO 成员自愿签署，目前有美国、欧盟（共 28 个成员国）、日本、中国香港和中国台湾地区等 15 个参加方签署了协议。

续表

出价时间	开放实体	门槛价	采购范围	过渡期
2012年11月	增列了福建、山东、广东等3个省,扩大了地方实体开放范围	货物和服务未作调整 工程:中央实体起始门槛价由8000万SDR下调到5000万SDR,地方实体起始门槛价由1.5亿SDR下调到1亿SDR,其余阶段除最后一年不变外均作了下调	一是增加了货物附件,与参加方新一轮出价形式保持一致;删减和调整了有关例外情形	5年
2014年1月	增列了6个省(市),包括辽宁省、重庆市、河南、河北、湖南、湖北	中央实体工程实施后第1至第2年6000万SDR、第3年5000万SDR、第4年4000万SDR、第5年起降至2000万SDR。地方实体工程实施后第1至第2年8000万SDR、第3年6000万SDR、第4年5000万SDR、第5年起降至4000万SDR		5年
2014年12月	列入大学、医院和国有企业,扩大了中央政府实体覆盖范围,增加了5个省(出价省份达到19个)	门槛价也降至参加方水平。中央实体货物、服务13万SDR,工程50万SDR;地方实体货物、服务20万SDR,工程500万SDR;其他采购实体的货物和服务项目为40万SDR,工程为500万SDR	工程项目全部列入出价;增列了服务项目,调整了例外情形	

注:* SDR,即Special Drawing Rights(特别提款权)的缩写,自2016年10月1日起,人民币被纳入特别提款权"货币篮子",一个特别提款权的定值货币及权数分别为:美元(41.73%),欧元(30.93%),日元(8.33%),英镑(8.09%),人民币(10.92%)。

** 联合国主要产品分类(Central Product Classification,CPC)是产品分类的国际标准。CPC覆盖的范围要比一般的产品广。它除了包括一般意义的可运输产品外,还包括不可运输的产品和服务,以及非生产性财产或资产,如土地和具有法律效力的契约合同等形成的无形资产(如专利、商标及版权等)。

资料来源:财政部公布资料。

第六份出价清单中,我国的政府采购市场开放整体出价水平基本已经达到了其他参与方的水平,这既体现了我国参与经济全球化、构建人类命运共同体的决心和信心,也彰显了我国作为世界最大发展中国家的国际地位。

二、当前政府采购制度改革面临的挑战

当前,从国家治理的视角看,我国政府采购的顶层设计仍然不够完善,采购治理

链条仍有短板，采购治理效率、治理手段、治理环境等尚需进一步改进，政府采购制度的政策功能需要进一步发挥，监管体系需进一步健全，市场开放需进一步加强研究与应对，与相关改革的关系需进一步理顺。这些问题的存在，一定程度上阻碍了政府采购改革的进一步向前推进，影响了政府采购的治理效果。

（一）制度顶层设计需进一步完善

如前所述，我国公共采购领域有《政府采购法》与《招标投标法》两部法律，虽然两法立法的目的、宗旨基本一致，《实施条例》和87号令等也对一些冲突内容进行了解释和融合，但目前仍存在有较大的分歧。两法在法律类型、交易主体、适用范围等方面有交叉、有差异，从而导致工程采购领域采购规则相互打架的情形。关于两部法律的融合问题，已经成为政府采购制度改革中一项急需解决的议题。

首先，工程类适用法律选择的问题。《政府采购法》中对我国政府采购的适用范围做了比较明确的规定，其覆盖的采购对象包括货物、服务和工程。而在此之前，我国已经颁布了对工程采购进行规范的《中华人民共和国招标投标法》（以下简称《招标投标法》）。虽然，2015年出台的《政府采购法实施条例》对此作出了努力，规定"政府采购工程以及与工程建设有关的货物、服务，采用招标方式采购的，适用《中华人民共和国招标投标法》及其实施条例；采用其他方式采购的，适用政府采购法及本条例"，这似乎解决了工程采购适用法律的问题。但由于顶层设计不到位，仍然解决不了一些很现实的问题。比如，一个工程项目达到公开招标标准的，应该适用《招标投标法》，但如果招标失败，那么又涉及适用《政府采购法》，这会带来较高的制度转换成本。

其次，与工程建设相关的"货物"界定仍然模糊。《招标投标法》规范的主要对象包括工程，但也包括"与工程建设有关的货物"。尽管《招标投标法》指出，其涵盖的货物采购是与工程建设有关的货物，是指构成工程不可分割的组成部分，且为实现工程基本功能所必需的设备、材料等。但对实际部门而言，仍然会遭遇法律适用不清的问题。如，对于使用财政性资金采购的空调设备到底适用于《政府采购法》还是《招标投标法》，全国各地做法不尽一致。

再次，法律类型不一致带来监管难题。《政府采购法》是实体法，而《招标投标法》是程序法，按照目前二者在工程领域的对接，会出现"招标采购"的工程仅接受了《招标投标法》的程序规范，而"非招标采购"的工程则接受了《政府采购法》从预算安排、需求确定到采购过程直至采购结果管理的全过程的规范。为了弥补这一缺陷，《政府采购法实施条例》中尝试规定"政府采购工程以及与工程建设有关的货物、服务，应当执行政府采购政策"，也就是工程即使使用《招标投标法》，也要执行政府采购政策①,但也只是在政策范畴实现了"两法"的统一。

最后,两部门对招标数额标准的规定不协调。由于《政府采购法》主要是由财政部牵头实施,而《招标投标法》由国家发展改革委牵头实施。从近年来的情况看,考虑到简政放权改革和提高采购效率的需要,政府采购的招标数额标准呈现调高趋势,基本由上一轮的120万元调升至200万元②。而工程采购的招标标准十多年没有发生太大变化,仍然沿用了2000年由原国家发展计划会颁布实施的《工程建设项目招标范围和规模标准规定》③,额度标准相对较低。部分省份在统一这一标准上做了努力。如上海市在《上海市2017~2018年集采目录及限额标准》中规定,公开招标的数额标准为预算金额达到200万元以上的货物、工程和服务。

(二) 采购链条管理需进一步强化

我国政府采购制度改革是在适应建立社会主义市场经济体制的财税制度的背景下开始实施的,当时在财政支出中面临的主要问题是由于缺少制度约束,支出中存在浪费,甚至腐败现象。因此,推行政府采购制度之初,其制度目标的侧重点就在于"程序管理",这从《政府采购法》第一条④可以窥见一斑。政府采购治理体系也主要围绕"程序管理"进行,过多地强调了"完全市场竞争"与采购程序限定,轻视对采购人需求与产品质量验收的管理,导致出现了政府采购效率不高且质量无法保障的现象。虽然在《实施条例》出台后,这种情况有了一定的改善,但与物有所值制度目标仍有较大差距。

首先,从采购人角度看,采购需求确定不够科学。《实施条例》要求采购人要"科学合理确定采购需求",即采购人要考量采购预算范围内的采购内容及配置是否科学、合理,且应具有公平性。但在实际中,有的采购人在制定合理需求方面的能力较差,采购需求要么过高,要么过低,有的采购人甚至设置了带有明显歧视性的采购需求导致采购不公平。

---

① 此处"政府采购政策"是指《政府采购法》第九条规定的为实现国家的经济和社会发展的政策目标而采取的政策,而非与"理论"相对应的"政策"。
② 如《中央预算单位2017~2018年政府集中采购目录及标准》《北京市2018~2019年集中采购目录及标准》《2017年江苏省省级政府集中采购目录及限额标准》均规定货物或服务项目采购金额200万元以上实施公开招标。
③ 该文件规定,以下情况必须招标:一是施工单项合同估算价在200万元人民币以上的;二是重要设备、材料等货物的采购,单项合同估算价在100万元人民币以上的;三是勘察、设计、监理等服务的采购,单项合同估算价在50万元人民币以上的;四是单项合同估算价分别低于前三项规定的标准,但项目总投资额在3000万元人民币以上的。
④ 第一条:为了规范政府采购行为,提高政府采购资金的使用效益,维护国家利益和社会公共利益,保护政府采购当事人的合法权益,促进廉政建设,制定本法。

其次,过分重视交易环节导致"价格主导"。由于采购过分倚重"价格",一些供应商为了获得中标资格,往往采用降低产品和服务质量的手段来降低产品成本,通过低价格中标。而提供高质量和好服务的供应商则因为没有价格优势而被迫离开政府采购市场,造成"劣币驱逐良币"现象的发生,导致最终的采购结果质量低下,难以满足物有所值的采购目标,严重违背了政府采购的初衷。87号令对此赋权评标委员会对报价明显偏低的可要求供应商提供必要的证明材料,若不能证明其报价合理性的,评标委员会应当将其作为无效投标处理。但实际中,评审专家并非完全了解市场价格,也难以做到准确识别。例如,在一次移动政信通服务采购中,三家供应商分别报出了119万元、106万元和7万元的价格,最终7万元的供应商中标,供应商解释说政府采购赶上了促销活动,看上去合情合理。但实际上,报价7万元的供应商对未来每个终端话机月消费额进行了规定,但其并没有将未来这项服务的生命周期成本计算在内,从而导致评标偏差。

最后,对履约验收不够重视。履约验收主要是对合同内的标的物的履行情况按事先预定的标准进行检验。不少政府采购验货验收责任不明确,合同中缺少预防性机制和惩罚性条款,对供应商的处罚力度不够,还没有形成足够的震慑力。特别是,在观察财政部处理的质疑投诉案件中,几乎都是供应商投诉,相反,采购人即使发现供应商未完全履约,也很少进行投诉[①],这在一定程度上说明采购人对履约验收不够重视。

(三) 采购执行效率需进一步提高

在国务院2014年提出"盘活存量资金""加快预算支出进度"的背景下,采购效率的提升是摆在采购人面前的重要问题,"政府采购"由于法定周期长,从而被认为是阻碍预算支出进度提升的重要因素。近年来,为了解决效率问题,财政部门也制定了相应的改革措施,如提高了政府采购限额标准、公开招标的数额标准等,但政府采购在规范与效率之间的矛盾仍然没有得到有效解决。

首先,公开招标使用比重过高。相对而言,公开招标是最具规范性的采购方式,因此,我国《政府采购法》规定,"公开招标应作为政府采购的主要采购方式"。虽然这几年政府采购中公开招标的数额呈现下降趋势,但公开招标"一体独大"的格局没有发生变化,即使在2016年,这一采购方式的比重仍然占64.1%。而国外竞争性招标采购方式比例只占30%~40%。[②] 因此,我国公开招标所占的比重仍然偏重,从而使得政府采购在强调规范性的同时一定程度上忽视了效率。特别是PPP项目要

---

① 2017年6月份至11月份,财政部发布的24起投诉处理公告中,供应商投诉的22起,采购人投诉的只有2起。

② 王淑玲:《政府采购方式的国际比较》,载于《发展研究》,2008年第3期。

按照《政府采购法》运作，实际看主要按照公开招标方式来运作。但现实是PPP项目的采购需求非常复杂，难以一次性地在采购文件中完整、明确、合规地描述，往往需要合作者提供设计方案和解决方案，由项目实施机构根据项目需求设计提出采购需求，并通过谈判不断地修改采购需求，直至合作者提供的设计方案和解决方案完全满足采购需求为止。因此，以目前政府采购规定的公开招标的方式和相应的程序来看，显然刚性有余、柔性不足。

其次，公开招标周期较长。按照《政府采购法》的相关规定，公开招标法定时间最快也需40多天，现实中往往要耗时两个月甚至更多。一些具体法律条文的规定，虽然起到了一定的规范作用，但同时也影响了政府采购的效率。比如87号令中对"同品牌投标人"的资格认定进行了规范，规定"使用综合评分法的采购项目，提供相同品牌产品且通过资格审查、符合性审查的不同投标人参加同一合同项下投标的，按一家投标人计算，评审后得分最高的同品牌投标人获得中标人推荐资格"，这样虽然保证了不同品牌产品之间的公平竞争，但也带来一个问题。按照87号令的规定，要对所有供应商进行评审和打分，确定到底同品牌的供应商中由哪个供应商作为具有中标推荐资格，加入代表某品牌的投标供应商很多，会大大降低政府采购效率。

再次，服务类采购公开招标使用过多，导致对服务质量重视不够。从实践看，不同的采购对象，其适用的采购方式也不尽相同。一般而言，货物和工程可量化的因素多，因此采用更具刚性的公开招标采购方式更合适一些。但对于服务采购，特别是公共服务类采购，由于其面临很难量化的服务质量因素，所以实际中更具弹性的竞争性谈判、竞争性磋商采购方式则更适用一些。而且随着社会的发展，随着服务型政府的塑造，政府采购对象中服务的比重也会越来越高。

表6显示了我国自2005~2013年在全国政府采购金额中，服务类采购所用采购方式所占的比重。从中可以看出，虽然相对于货物和工程而言，服务类采购中公开招标所占的比重要低一些，但总体仍然很高。这样的采购方式很容易导致采购过程中的"价格导向"，忽视了服务的质量。

表6　　　　　　　　　　2005~2013年不同服务采购方式金额比重　　　　　　　单位：%

年份	2005	2006	2008	2009	2011	2012	2013
公开招标	54.84	56.72	61.18	64.11	68.98	73.78	72.64
邀请招标	6.08	4.73	3.48	3.30	2.26	1.97	1.71
竞争性谈判	13.29	15.83	12.10	9.03	7.70	7.24	8.68
单一来源	12.69	10.84	10.36	10.68	12.59	10.67	10.55
询价	13.11	11.89	12.88	12.88	8.47	6.35	6.42

资料来源：2005~2011年财政部网站，2012~2013年为内部数据。

即使是从服务类采购的频次占全部采购频次的比重看,公开招标仍然占非常高的比重。表7为笔者从中国政府采购网上统计的我国2013年1月1日至2016年12月31日的服务类采购方式的频次,以及各自所占的比重。从中可以看出,公开招标仍然占了2/3。采购方式上的刚性使得一些服务类采购面临质量不高的情形。

表7　　　　　　　　2013~2016年政府购买服务的方式频次及比重

年份	2013	2014	2015	2016
公开招标(频次)	30319	40124	53321	57251
比重(%)	69.14	66.69	65.17	66.15
邀请招标(频次)	272	290	368	577
比重(%)	0.62	0.48	0.45	0.67
竞争性谈判(频次)	8516	12679	19446	20045
比重(%)	19.42	21.07	23.77	23.16
竞争性磋商(频次)			240	6097
比重(%)			0.29	7.04
单一来源(频次)	2619	3873	4608	5041
比重(%)	5.97	6.44	5.63	5.82
询价采购(频次)	2127	3201	4073	3631
比重(%)	4.85	5.32	4.98	4.20
总计	43853	60167	81816	86545

资料来源:中国政府采购网。

特别是服务类中的公共服务类项目,《政府采购法》出台之初,其采购的对象"服务"主要是政府自身需要的相对较为简单的服务。因此,在采购方式的设计时未充分考虑公共服务的特殊性。2014年底,为了适应政府购买服务和PPP改革需要又增加了"竞争性磋商"方式,2015年《政府采购法实施条例》出台后又进一步说明,"服务"中涵盖"公共服务",但在"公共服务"购买方式的特殊性上并未予以太多考量。

最后,采购规范与效率的把握还表现在采购人的自主权的使用上。需求规范与效率的最佳平衡点应考虑对采购人相应赋权。实行政府采购制度以来,为了强调规范性,法律上对采购人的权利进行了约束,采购需求有时候难以满足。87号令虽然增强了采购人的自主权,如规定"经主管预算单位同意,采购人可以自行选定相应专业领域的评审专家",但采购人的自主权依然很小,使得政府采购整体效率不高。

（四）采购公开透明需进一步增强

公开透明是政府采购的灵魂，但当前我国政府采购信息公开存在渠道碎片化、公开时间不及时、公开内容不完整、格式不规范、标准不统一等问题。①

首先，信息公开渠道碎片化。政府采购信息公开渠道主要为网络平台。调研发现，大部分省级政府都建有独立的政府采购网络平台，有大约一半的省（市、自治区）（共15家）还建立了公共资源交易平台，内嵌政府采购板块。但进一步的调研发现，仅有云南省、江西省、重庆市的公共资源平台包含所有采购信息，其他地区普遍存在与政府采购网站发布的采购信息不一致的问题，两个网站间没有实现信息发布的完全共享互通机制。这种多个平台发布采购相关信息且发布信息不一致，导致了信息"碎片化"、公众难查询等问题。同时，多渠道且不固定的信息发布不仅增加了发布者的工作量，也影响了政府信息公开的权威性。

其次，信息公开时间不及时。在规定时间内公开成交信息，可以保证采购项目第一时间接受公众的监督，保证纳税人的权益。根据《关于做好政府采购信息公开工作的通知》（财库〔2015〕135号文）中规定"中标、成交结果应当自中标、成交供应商确定之日起2个工作日内公告，公告期限为1个工作日。"但从政府采购网络平台显示的信息看，不少成交公告公开时间严重滞后。例如，某市创新中心科学技术学院迁建工程PPP项目中标公告中显示中标日期为2017年5月11日，但中标公告发布在23日；某市环卫处生活垃圾焚烧发电PPP项目的中标日期是2016年12月，中标公告却发布在2017年5月。这种时间脱节的中标公告对于监督人完全失去了时效性，无法及时对采购人、采购代理机构的采购行为进行有效监管和制约。

再次，信息文本格式不统一、内容不完整。以竞争性磋商采购方式为例，磋商文件排版样式与内容安排千奇百怪，同一项内容可能被放置于不同的标题栏，还可能有不同的名称，这既不利于供应商阅读，易引起困惑，还会给采购管理部门在项目管理上造成困难。相关法律法规规定，采购项目预算金额应当在招标公告、资格预审公告、竞争性谈判公告、竞争性磋商公告和询价公告等采购公告，以及招标文件、谈判文件、磋商文件、询价通知书等采购文件中公开。但从公开的信息看，有不少采购项目仍未公布预算金额。

最后，当前各地信息公开并无统一标准。如，各省市在采购公告栏的分类上也存在着显著差异。有的按公告类型分为：招标公告、中标公告、变更公告分类；有的按

---

① 姜爱华、陆媛：《政府采购信息公开：问题与对策》，载于《中国财政》，2017年第8期。

采购方式分为：公开招标、单一来源、集中采购等分类项。有的地方没有专门设置省本级、市县级分类，而是简单将所有信息堆砌在公告栏，所有级别的采购信息混杂在一起，不仅不利于信息使用者高效利用信息资源，也不利于公众有效监管。

（五）采购政策功能需进一步提升

首先，我国政府采购功能的发挥受制于政府采购的规模。从总量上看，我国政府采购占GDP的比重较低，2016年仅为3.46%，政府采购占财政支出的比重2016年才达到13.7%。这些比重虽然都有逐年上升的趋势，但与发达国家"政府采购规模占GDP的10%~15%、占政府财政支出的30%~50%"的国际标准相比有着很大的差距。政府采购规模小，受制于以下几个因素：一是我国在《政府采购法》成立之初，便没有将国有企业的公共采购纳入到政府采购的范围中来。这是出于减少对企业的行政干预，保障国有企业改革和体制改革平稳进行的考虑。2015年，《政府采购法实施条例》正式实施，也没有提及将国有企业的公共采购纳入政府采购范围。二是绝大部分的工程类采购都没有纳入到政府采购的范围中来。三是政府购买服务虽然增加的较快，但总量仍然较小。

其次，在支持中小企业方面。在政府采购的诸多政策目标中，其对中小企业支持力度最大，这也使得近年来对中小企业的采购总额呈不断上涨的趋势，其占全国政府采购规模的比重也一直保持在76%以上。但究竟是中小企业通过提高了自身实力而获得了订单还是因为政策导向给予其价格优惠和评审侧重才获得了订单，这一问题值得我们思考和研究。前者为本质，后者为表象，需要通过由表及本的方式真正的发展中小企业。随着2011年我国大力推广批量集中采购政策以来，小微企业的政府采购份额便逐年降低，这说明目前我国政府采购支持小微企业发展的政策功能有待进一步发挥。

再次，支持自主创新的政府采购政策缺失。我国曾提出过支持自主创新的政府采购政策。例如，2006年《国家中长期科学和技术发展规划纲要（2006~2020年）》提出了"实施促进自主创新的政府采购"，同年财政部发布了《关于实施促进自主创新政府采购政策的若干意见》；2007年新修订的《科技进步法》在法律上明确了政府采购自主创新产品与服务，以及相关的首购和订购的规定，同年财政部印发了《自主创新产品政府采购合同管理办法》《自主创新产品政府采购评审办法》和《自主创新产品政府采购预算管理办法》。但是，这一系列政策引起了美国等发达国家的强烈不满，认为这些政策存在对外资企业的歧视和不公正对待，违反了WTO规则。迫于压力，我国在2011年取消了自主创新政府采购有关政策。该类政策取消导致了我国支持自主创新政策体系和实施的混乱，相关的创新产品与服务的首购、订购政策也无法落实。

最后，采购节能环保产品政策可持续性不强。随着环境问题成为人们关注的焦点，绿色政府采购和政府采购绿色的政策已深入人心。虽然近几年来我国采购节能产品和环保产品的份额呈现一定的上涨趋势，但各年份之间变化较大。2013年发布了《国务院关于加快发展节能环保产业的意见》（国发〔2013〕30号），因此，当年的节能产品和环保产品份额是几年中最高的，而后则呈现了下滑趋势，这说明政策的可持续性不强。而且更重要的是，我们对节能环保产品政策的支持仅仅关注最终产品端，而对产品生产过程的是否节能、是否环保关注不够，全链条节能环保理念有待进一步树立。

（六）采购监管机制需进一步健全

良好的监管机制是政府采购制度有效实施的重要保障。采购实践中的"天价采购"也好，"问题字典"也罢，都暴露了政府采购监督机制还比较薄弱的本质。

首先，我国目前的监管体系仍以事后监督为主，缺少事前监督和事中监督。事后监督仅能保障政府采购亡羊补牢，但却远不及事前和事中监督的效用。目前曝光的政府采购事件主要是事后监督发挥作用，但要更好地发挥政府采购的功效，必须加强事前监督和事中监督。以"问题字典"而论，从招投标到采购验收，只要任何一个环节监督到位，连主编都不存在的盗版书，就不会以政府项目的形式发送到孩子手里。预算、审批和支付的过程仍不够公开透明，对财政资金的监管不到位，存在内部交易和"寻租"的现象，容易滋生腐败。同时，采购者和监管者之间信息不对称，财政资金的使用效率低下，一定程度上浪费了国家资源。

其次，监管职能履行不能完全到位。如公开信息漏洞多，笔者曾以中国政府采购网在2016年第三季度期间发布的432篇竞争性磋商公告以及156篇磋商文件为样本，约35%的公告出现违反磋商公告的发布时间和发售期间的规定，甚至有的竞争性磋商公告中列示的获取磋商文件的起始时间比公告发布时间还早。公告频繁变更的现象也时有发生，甚至一些公告出现多次变更。以2017年4月19日某项目发布开展二次招标的公告为例，公告发布后又在当月24日、27日，次月10日发布了四次变更公告，其中27日当天早、晚发布了两次变更公告。笔者对比前后变更情况，发现标的金额、采购清单、采购要求、付款方式、投标时间等都发生了明显变化，如原"包一"价值280万元，四次变更后"包一"总价仅为70万元。[①] 如果在公告首次发出

---

① 姜爱华、陆媛：《政府采购信息公开：问题与对策》，载于《中国财政》，2017年第8期。

时相关责任人就能发现其中问题，就可以有效避免这种频繁变更事项的发生。因此，明晰公告内容的审核主体以及单位内部岗位设置和职责划分，就显得十分必要。

再次，对供应商"过度"维权监管不力。在大量政府采购实例中，质疑投诉人多为未中标供应商，质疑对象除了采购人和代理机构的不合法行为，也有中标供应商的资质及技术参数问题。但笔者最近调研发现，在财政部发布的投诉处理公告中，不少质疑投诉人依据不足，被财政部驳回投诉。从数据来看，近三年来供应商投诉案件明显增多，但同时，完全缺乏事实依据或者部分缺乏事实依据的案件占比很高。2015年43则处理案件中，34则缺乏事实依据；2016年40则中，32则缺乏；2017年41则中，30则缺乏事实依据。尽管《供应商质疑投诉处理办法》中规定，如果供应商一年以内三次以上投诉均查无实据的，财政部门应当驳回投诉，将其列入不良行为记录名单，并依法予以处罚①。但与供应商缺乏事实依据的投诉给政府采购监管部门带来很高的调查核实成本相比，目前法律规定的惩罚力度仍然偏轻。

最后，"采管分离"不彻底。我国主要是在中央和省级层面设置集中采购机构来推进"采管分离"，在部分地区省以下"采管不分"的现象依旧存在。而且，政府采购机构间职责划分不够清晰，协调机制仍有欠缺。

（七）采购市场开放需进一步研究

自2007年我国递交首份加入GPA清单以来，我国一直以打造人类命运共同体的大国姿态积极地推进加入GPA的谈判。但全球化的格局在发生变化，特别是美国特朗普总统上台后，贸易保护主义抬头。因此，新形势下，研判政府采购市场开放格局，既推进经济全球化，又能保护我国社会经济利益，是必须研究的问题。

首先，我国需要研究加入GPA后国内政策的调整问题。我国加入GPA决心已定，但按照GPA规则，政府采购的覆盖范围为"政府目的的采购"，也就是只要是政府目的的采购，无论实施主体是谁，都要按照GPA的要求来执行。因此，其涵盖的范围要比我国大得多，如果加入GPA意味着我国要对目前的政府采购规则进行调整。

其次，美国全球化战略调整需要我们进一步研究与美国的双边谈判问题。美国特朗普上台后，其主张的贸易保护主义政策一项项落地，如宣布退出TPP（跨太平洋合作伙伴关系），签署"买美国货、雇美国人"的行政令，颁布了一系列旨在留住资本甚至吸引外资的税改政策等。中国是美国最大的贸易逆差国，2016年美国在商品贸

---

① 2004年9月11日开始实施的《政府采购供应商投诉处理办法》第二十六条规定，投诉人有下列情形之一的，属于虚假、恶意投诉，财政部门应当驳回投诉，将其列入不良行为记录名单，并依法予以处罚：（一）一年内三次以上投诉均查无实据的；（二）捏造事实或者提供虚假投诉材料的。

易中对中国的贸易逆差为3470亿美元，占当年美国商品贸易逆差总额的47%[①]。因此，在特朗普的政策调整下，中国必然会受到影响。开放政府采购市场讲求的是利益对等原则，因此，在美国贸易保护主义的政策条件下，我们必须重新审视加入WTO《政府采购协议》与美国的双边谈判，重新调整对美国的出价策略。

（八）相关改革关系需进一步理顺

当前与政府采购密切相关的改革事项主要有公共资源交易平台建设、政府购买服务，但目前对于这几项改革与政府采购的关系各方认识没有达成完全一致。

首先，政府采购与公共资源交易平台的关系未理顺。党的十八届三中全会强调："要进一步简政放权，建设统一开放、竞争有序的市场体系。"在此背景下，国务院提出了"整合工程建设项目招标投标、土地使用权和矿业权出让、国有产权交易、政府采购等平台，建立统一规范的公共资源交易平台"的要求，旨在更好地发挥资源交易平台的制度反腐作用，进一步约束和规范权力运行，让权力在阳光下运行，更好地完善政府采购监管体系。但公共资源交易平台建设以来，也暴露出了许多问题。如，部分地区甚至存在平台定位不清晰、违规设置审批或备案、直接从事政府采购招标代理等中介业务等问题。[②]再如，部分地方在公共资源交易市场建设中，实行"一委一办一中心"的管理体制，不符合《政府采购法》规定的"管采分离"原则，大大限制了财政部门的监管能力。

其次，政府采购与政府购买服务改革的关系没有厘清。由于政府采购的对象包括"服务"，而且《实施条例》对服务的界定明确了服务包括"政府自身需要的服务和政府向社会公众提供的公共服务"。于是实际中，很多人认为政府购买服务改革从属于政府采购改革。实际预算很容易陷入困惑，不知道是按照政府购买服务改革相关管理规定执行，还是按照《政府采购法》执行。

三、完善我国政府采购制度的改革建议

未来我国政府采购制度要在推进国家治理体系和治理能力现代化方面发挥更重要的作用，要在解决人民日益增长的美好生活需要和不平衡不充分的发展之间的矛盾方面发

[①] 资料来源：Wind，CCEF研究。
[②] 夏太凤：《理清改革思路推进平台建设——我国公共资源交易平台改革思路探析》，载于《建筑市场与招标投标》，2015年第1期。

挥更重要的作用，要在贯彻新发展理念、推进供给侧结构性改革方面发挥更重要的作用。

（一）加强制度顶层设计，奠定坚实的政府采购治理基础

在加强顶层设计方面，一方面要改进政府采购的法律体系；另一方面要处理好政府采购与其他改革之间的关系。

首先，要进一步理顺《政府采购法》和《招标投标法》的关系，选择适当的时机，修订和完善《政府采购法》，并在和发改委协商的基础上，修订和完善《招标投标法》。近期目标是按照清晰的法律调整范围划分，完善《政府采购法》和《招标投标法》，使二者调整范围互补，程序、监管等保持一致。长远的目标是建立一部能够覆盖所有货物、工程和服务的《公共采购法》。

其次，以法律形式扩大政府采购范围。上文已经提到，我国目前还并未将国有企业纳入政府采购主体的范围之中，应采用渐进性策略逐步将国有企业采购纳入政府采购的主体范围之中，扩大政府采购的范围，更好地发挥政府采购的政策功能，也为我国逐步开放的政府采购市场打好基础。

再次，完善政府采购的相关法规条例。如，要进一步完善落实政府采购政策功能的相关法规条例；要继续对照《政府采购法实施条例》，做好供应商质疑投诉管理办法、信息公告管理办法的修订，抓紧研究出台代理机构、联合惩戒等政策文件。

最后，要从顶层设计的视角处理好政府采购与公共资源交易平台、政府购买服务的关系。公共资源交易平台只能是公共资源（包括政府采购对象）的交易场所，而且其交易的执行应主要依靠市场力量，但相应的监管职责应由政府承担。政府采购可以在公共资源平台进行交易，但监管职责应由财政部门担负。政府购买服务是创新公共服务提供方式，促进政府职能转变的一项改革。从政府购买服务改革产生的国际背景和国内背景看，政府购买服务主要是对原来由政府提供的公共服务事项改为向市场购买，因此这一改革涉及论证什么样的服务应该由政府提供，什么样的服务应该由政府向社会购买，一旦决定向社会购买，自然就进入到政府采购制度范围。因为二者有联系也有区别，并不是简单的谁包含谁。

（二）改进采购制度目标，树立"物有所值"制度治理理念

党的十九大报告中关于财政改革的论述中首次引入了"绩效"概念，提出要"建立全面规范透明、标准科学、约束有力的预算制度，全面实施绩效管理。"政府采购制度是一国预算制度的重要组成部分，因此也要以良好的绩效作为制度诉求。但

政府采购绩效如何衡量？是节约资金的多少？还是采购对象质量的高低？还是其他标准？从全球近年的发展来看，无论是国际政府采购规则还是各国公共采购的实践，都趋向于把"物有所值"作为公共采购所追求的共同目标。我国 2013 年全国政府采购工作网络视频会议上，财政部首次提出，在新形势下，要确立政府采购"物有所值"制度目标。未来随着我国政府采购制度逐步走向完善，这一制度目标也应得到强化。

首先，要关注全寿命周期成本。物有所值应成为政府采购的制度目标，这要求在制度设计的时候要体现全生命周期成本，特别是不能仅关注投标价格，择优标准应选择"经济最有利标"。世界银行最对"最有利投标"的规定，值得我们借鉴。对"货物、工程和非咨询服务"而言，当使用等级标准时，最有利投标为满足资质要求且符合采购文件要求的最高等级的投标或者提案；当没有等级标准可参考时，最有利投标为满足资质要求且符合采购文件要求的最低评估成本的投标或者提案。对"咨询服务"而言，最有利提案即为"最佳评估提案"。

其次，对"异常低价投标"进行严格审查。2011 年以来，全球国际政府采购规则的修订都无一例外地规制了"异常低价投标"现象，这既说明"异常低价"是一个全球普遍现象，更是在"物有所值"目标下重新审视公共采购制度的必然结果。在合同授予阶段，对于价格异常低于其他投标价格的投标，采购人可以进行审查，从而避免不合理竞争的发生，审核的内容主要是供应商是否符合参加条件和是否具备履行合同条款的能力。

再次，以专业化发展促进政府采购物有所值目标的实现。一是要通过推动采购人加强需求研究管理，细化政府采购公共服务品目的需求标准；二是要明确集中采购机构的专业化发展定位，通过提高其工作人员的专业化水平，改进服务理念，提高采购效率，实现采购质量、价格、效率的内在统一；三是要建立健全对集中采购机构和代理机构的考核体系和指标，加强培训，推动政府采购由程序合规向"物有所值"的专业化采购的转变。

最后，加强对供应商的追责管理，确保物有所值目标得以实现。在现阶段的政府采购实践中，存在很多采购产品质量低下的问题，如使用年限未满就报废、使用过程中故障频发等，政府往往采取不断维修甚至重新采购等方式进行解决，不但增加了成本，还浪费了时间，而对供应商的追责机制却少之又少。我们应细化对供应商的追责管理，确立不同情况下的解决标准，通过维修、退换、退款、取消供应商资格等手段约束供应商的行为，提高采购质量，使财政资金真正的"花得值"。

（三）延伸采购管理环节，建立全链条政府采购管理机制

全球公共采购也经历了一个由程序管理向系统采购管理的变化过程。近年来政府

采购的链条管理已不仅是限于采购环节本身。向前,延伸到采购需求管理,向后,延伸到合同管理。借鉴新一轮国际政府采购规则修订的经验,可采取的具体措施有如下几个方面。

首先,提前发布未来可能的招标采购信息。不是像传统采购中在每个招标项目开始前才发布采购信息,而是通过一揽子"事先信息公告"等形式,让信息公开大幅度提前,给供应商预留足够的应标时间,有助于政府采购活动的规划性。

其次,加强采购需求管理。财政部印发了《关于进一步加强政府采购需求和履约验收管理的指导意见》(财库〔2016〕205号),明确采购人是政府采购需求和履约管理的第一责任人。采购人制定的采购需求应当完整、合规、明确,根据项目特点加强需求论证和社会参与,严格依据需求特点编制采购文件和合同。必要时,采购人可实行采购需求的开放性征集。在采购需求的形成环节,广泛征求专家或者供应商的意见,完善招标文件的编写,使其更加专业化,降低招标失败风险。

再次,重视合同管理。一是采购实体要参与合同监管。二是要设立科学的监督结果反馈处理机制。特别是随着招标采购对象以及合同内容越来越复杂,对合同的管理尤为重要。三是将分包要求前置到采购文件之中。采购人可以明确要求投标人表明分包意向,相应的,投标人在其投标书中明确其可能打算向第三方分包的份额,或者任何建议的分包商等。

最后,重视履约验收管理。采购人组织履约验收时应当制定详细验收方案,完善验收方式,严格按照采购合同的约定对每一项技术、服务、安全标准的履约情况进行确认。

(四)推进采购"电子化",改善采购制度的整体执行效率

政府采购电子化可以降低价格和管理成本,缩短招标准备时间,减少人为因素,增强采购及时性,而且能够提高采购准确性和质量,健全完善统计体系,电子化是未来政府采购的大势所趋。我国近几年在政府采购电子化方面取得了一些进步。如不少地区引入了网上管理审批、电子认证、专家库和供应商库、合同签订管理、监控系统、信息发布系统、采购文件下载上传、网上开标评标、电子招标系统、电子合同系统、电子支付系统等。但从国际政府采购规则看,政府采购电子化继续向纵深推进。在2017年12月份刚刚结束的2017年全国政府采购工作会议中,"互联网+政府采购"行动被列为深化政采制度改革的九大重点工作之一。

首先,大力发展电子化采购,提高政府采购效率和透明度。电子化采购是解决政府采购执行效率较低的重要抓手,为此,要大力推进电子化采购。欧盟要求所有集中

采购机构所实施的所有采购程序都运用电子方式进行通信。世行支持成员国电子采购，同时也支持其他借款国建立自己的电子化采购系统。在推进电子化采购的同时，还要推进政府采购管理交易系统建设，探索推行远程在线评审、采购全流程无纸化。

其次，要推进电子化采购的标准化建设。在电子化采购推行的同时，要推进电子采购文件的标准化。如欧盟规定，为了推进电子化采购的进程，2018年4月18日之后在全欧盟成员国境内《欧洲统一采购文件》只采取电子化的格式。一旦该程序以电子化方式运行，供应商可以在欧盟委员会的网站上以电子化方式填写、导出、储存和提交《欧洲统一采购文件》。只要《欧洲统一采购文件》中所提供的信息仍然准确，供应商可以重复使用该文件。

最后，要加强政府采购信息共享。要以《财政部关于进一步做好政府采购信息公开工作有关事项的通知》（财库〔2017〕86号文）的出台为契机，加快整合信息平台，规范各地区网站域名的使用情况，推进网络平台信息共享与整合。加快"全国一张网"的政府采购电子卖场建设，加快制定统一数据标准，推进政府采购管理交易系统与第三方交易平台互联互通、信息共享，解决各地区电子化过程中的"信息孤岛"、"条块分割"、"协同不足"、小额零星采购不规范等问题。

（五）落实预算主体责任，增强政府采购制度的治理柔性

首先，要强化预算部门的政府采购主体职责。从机制上系统性加强预算部门主体地位，建立预算部门为主体，集中采购机构、代理机构和评审专家提供服务和技术支撑，财政部门制定制度和监管的政府采购执行机制。切实强化预算部门在需求管理、落实政策、履约验收和信息公开等方面的主体责任。

其次，确立预算部门依法履行公共服务职能的采购决策机制，扩大预算部门在选择采购方式、代理机构和评审专家等方面的自主权。从新一轮国际政府采购规则来看，其一如既往地重视采购程序的规范性建设，但同时也增加了很多灵活性，让采购"刚柔并济"。而且，灵活性在很大程度上体现了对采购人的赋权。增加采购人的裁量权。但这种裁量权要以完全的公告或信息公开为前提。如欧盟规定，如果供应商提供的信息或文件不完整或错误，或者表述上是不完整或错误的；或者丢失了具体的文件，采购实体可以要求供应商在适当期限内提交、补充、澄清或者完善相关信息和文件，只要这些要求完全遵守了平等对待原则和透明度原则。欧盟公共指令还授予采购人根据采购需要调整投标截止时间以及在合同履行期间"修订合同"的裁量权。对"异常低价"的审查和否决也是新一轮采购规则中采购程序灵活性的一个体现。

未来，要统筹考虑采购规模、采购项目特点和采购代理机构发展现状等因素，适

当提高过低的分散采购限额标准和公开招标数额标准;正确处理集中与分散的关系,清理规范集中采购目录范围;改变简单以金额标准确定采购方式的作法,鼓励预算部门根据项目需求特点选择采购方式,逐步从强调公开招标向强调竞争性方式转变。

(六) 推进采购信息公开,营造良好的政府采购治理环境

首先,推进政府采购信息公开的"深度"。程序的公开透明应延伸到采购程序的细节,比如对招投标中的分包,要求对分包商的信息要进行公开,再比如,当拒绝供应商投标时,拒绝的程序和理由都要公开;公开透明的时限要求更加严格,不少规则条文都要求在采购程序发生后及时将信息公布于众。

其次,建立责任明晰的信息公开机制。财政部门是负责推进政府采购信息公开工作的主管部门,同时,采购人、集中采购机构也应当将政府采购信息公开作为本部门、本单位的日常重点工作,列入主动公开基本目录。集中采购机构以外的代理机构也要按照财政部门的相关要求,配合履行政府采购信息公开义务,确保政府采购信息发布的及时、完整、准确。信息公开重要,而公开的信息质量更为重要。因此,要建立"两级审核内控机制"。即,对于当前公开信息中出现的内容不完整、日期不符合规定等低级错误,建议首先由采购人负责初审,财政部门进行再审核。把好审核关会在一定程度上减少后期的质疑投诉,相当于将监督"前置"。采购人、代理机构内部也要建立明确的内控岗位,审核信息质量。

再次,加强政府采购信息公开的标准化建设。第一,要在规范政府采购信息发布平台的基础上,改进栏目设置标准化。包括做到省本级、各市、区、县采购信息分开,按采购流程或采购方式发布采购公告、设置单独监督栏目,监督内容均要包含违法失信名单、投诉处理、行政处罚等信息。第二,要加强公开文件的标准化改革,包括采购需求标准化,采购公告、采购文件、采购合同等采购文件标准化。同时,做好这些标准化文件的"网络信息标准化"转化工作,便于统计和查找。另外,为了拓展信息公开的深度,切实落实政府采购全过程公开,可以在预算编制时采取听证会等方式,广泛征求社会公众的意见,实现采购全过程监督的"参与式"采购。除此之外,将每日、每周、每月、每季度的采购信息汇总,依托政府微信公众号、微博等新兴媒介工具,将采购人、供应商、产品、规格、价格、数量等相关信息及时、准确地集中公开,接受社会各界全方位监督。

最后,加强信息公开的数据挖掘与使用。信息公开不是终点,关键是如何通过信息公开更好地推进财政管理。经过二十多年的政府采购实践,政府采购领域积累、公开了大量的实证数据,但目前对于这些数据的集成、挖掘和利用还远远不够,很多数

据仅限于简单发布和统计需要，而不能很好地反馈到政府采购问题发现和政策制定环节。例如，简单统计发现，磋商采购文件发售时间混淆"5日"和"5个工作日"是一个高频错误事件，那么反馈到采购人或者代理机构处，就可以加强这部分内容的审核。未来要研究更好地利用信息化手段，更加广泛地推进政府采购信息公开，充分运用政府采购大数据，反馈于现代财政管理，并适应国际政府采购数据开放的需要。

（七）细化政府采购政策，促进实现可持续发展治理目标

首先，要扩大政府采购的范围，为实现政府采购政策功能奠定基础。政府采购政策实现的基础是政府采购规模。而我国法律规定的政府采购范围是国家机关、事业单位和社会团体使用财政性资金的购买行为，在采购管理范围口径上，比国际管理范围窄。尽管我国政府采购规模增长很快，年均增长近40%，但规模总量与国际上政府采购规模占GDP 10%的比重相比，仍然有很大的差距。因此，一方面要按照法律规定做到应采尽采；另一方面要适时修改《政府采购法》，将国有企业采购逐步纳入到政府采购范围。

其次，要研究制定符合国际规则的支持创新的采购政策。事实上通过政府采购支持创新产品发展，已经成为世界许多国家发挥政府调控经济功能，体现国家战略意图，促进供给侧创新的重要政策工具。因此，鉴于当前创新发展以及供给侧改革的迫切需要，我国应当恢复创新产品政府采购制度，积极采纳合理建议，在世界贸易组织的政府采购协定规则框架下制定并完善有关政策。一是优化自主创新产品认定政策，主要将"自主创新产品"改成"创新产品"，使之符合国际规则要求；二是鼓励各地方推出本地"创新产品"认定标准并进行采购，支持创新；三是完善支持自主创新的技术标准政策。通过标准布局实现政府采购促进创新。

再次，拓展政策功能内涵至可持续发展。从国外相关制度看，政府采购不仅有保护国货、扶持中小企业发展、支持绿色产业和科技创新等功能，还能达到劳动保护、职业安全、妇女权益、残疾人就业等社会目标。从国际上看，新一轮政府采购规则的改革也加强了政府采购政策功能的发挥，谋求可持续发展成为全球公共采购政策的最新转向，从而使政府采购制度有更大的政策功能的发挥空间，在保护环境、促进中小企业发展、履行社会责任、防止腐败等方面有所作为。而且，目前我国在保护环境和促进中小企业发展方面政策存在不统一、不细化等问题，未来要在这些方面谋求改进。对不发达地区的支持也应及时出台相应的政策。

最后，完善现行的采购程序和评审制度，建立长效政府采购政策机制。积极鼓励采购人在采购产品、采购标准上对政策功能扶持对象进行适当政策倾斜或放宽标准，

将采购政策支持措施的着力点从评审环节向采购需求确定、采购方式选择等前端延伸，加强政策实施情况的评估，提高政策执行效果。

（八）完善政府采购监管，构建结果导向的长效监管机制

在推进"放管服"改革的背景下，一方面需要发挥市场力量；另一方面，又要加强政府监管，构建结果导向的长效监管机制。

首先，进一步健全政府采购内控机制。进一步落实党的十八届四中全会提出的关于在政府采购等业务中"实行分事行权、分岗设权、分级授权，定期轮岗，强化内部流程控制"的要求，按照财政部《关于加强政府采购活动内部控制管理的指导意见》（财库〔2016〕99 号），进一步规范政府采购活动中的权力运行，强化采购人、集中采购机构和监管部门在政府采购活动内控管理中的主体责任，健全采购人、集中采购机构、监管部门采购事项内部决策机制和内部审核制度，促进政府采购提质增效。

其次，创新监督管理方式，健全"双随机一公开"工作机制。严格按照国务院办公厅于 2015 年 8 月发布的《国务院办公厅关于推广随机抽查规范事中事后监管的通知》的要求，在政府采购领域健全"双随机一公开"监管模式。依托信息化和大数据分析，加强对采购活动的动态监管，重点加强对公开招标数额标准以下项目和单一来源采购项目的预警跟踪。财政部门要与其他部门进行联合，对政府采购领域严重违法失信主体形成"尺度统一、行为联动、步调一致"的联合惩戒工作机制和"一处受罚、处处受限"的社会氛围。运用第三方评估对政府采购透明度、规范性及采购结果等开展综合评价，通过社会监督推动采购制度完善和活动规范。

最后，加强投诉处理专业化机制建设。完善投诉处理工作机制、应诉机制和内控管理，进一步通过政府购买服务方式，加强监管力度，做好既防范自身法律风险、内控风险，又能更好地维护供应商的合法权益。

（九）研判采购市场开放，建立对等的采购利益交换机制

党的十九大提出，我们要坚持新发展理念，坚定不移贯彻创新、协调、绿色、开放、共享的发展理念，并且要"主动参与和推动经济全球化进程，发展更高层次的开放型经济"，"奉行互利共赢的开放战略""推动形成全面开放新格局"，这为我们如何开放政府采购市场提供了纲领性的指导。

首先，要继续主动推进政府采购市场开放。政府采购市场开放是一国推进全球化的重要组成部分，为落实党的十九大战略部署，应继续积极推进我国加入 GPA 谈判

工作，争取早日加入，为我国开辟新的对外贸易增长点，也为今后在更广泛领域开展合作奠定基础。同时，要做好加入 GPA 后国内政策的调整问题预案，既要符合 GPA 的要求，又要实现我国政府采购原有制度的平稳过渡。

其次，要积极参与国际或区域经贸组织的政府采购规则制定。在由我国发起的战略合作领域中，发挥中国的引领优势，积极参与政府采购规则制定，推进和平发展、协同发展，为构建人类命运共同体贡献中国力量。

最后，要以"互利共赢"作为谈判的标准。面对美国贸易保护主义抬头，我们必须认真思考我们与美国的出价方案，要在充分认清我国仍是发展中国家这一国情的基础上，采取渐进性开放策略，保护我国的产业经济，提升自身的综合实力和竞争力，在开放的环境下维护我国的国家利益。

参考文献：

1. 马海涛、姜爱华：《我国政府采购制度研究》，北京大学出版社 2007 年版。

2. 黄民锦：《以"两法"修改为契机 引领政府采购治理模式的转换》，载于《中国政府采购》，2014 年第 10 期。

3. 姜爱华：《物有所值制度目标的含义及实现——基于理论与实践的考察》，载于《财政研究》，2014 年第 8 期。

4. 姜爱华、陆媛：《政府采购信息公开：问题与对策》，载于《中国财政》，2017 年第 8 期。

5. 吴振全、刘云梅：《招标投标与政府采购制度差异初步比较》，载于《研究与探讨》，2016 年第 4 期。

6. 杨燕英、张相林：《基于目标模式的政府采购治理工具运用》，载于《中国行政管理》，2011 年第 9 期。

Government Procurement Institution in China towards Modern Governance

JIANG Aihua　MA Haitao

Abstract：This paper argues that after more than 20 years of development, the framework of government procurement system in our country has formed basically; the scope and scale of government procurement have been expanding; the procurement mode and methodology have gradually been perfected; the supervision system of whole chain procurement has initially established; policy functions of government procurement have produced effect gradually; as well as our country has been constantly integrating itself into the globalization of government procurement. However, government procurement still faces such problems currently as the top-down design needs to be improved; management of whole chain procurement needs to be strengthened; efficiency needs to be improved; transparency needs to be enhanced; policy functions needs to be improved; the supervision mechanism needs to be improved; market opening needs to be researched; and relevant reforms need to be streamlined. Based on this analysis, the author puts forward specific proposals for reforming the government procurement system in the future from the perspective of state governance.

Keywords: Government Procurement, Top – Down Design, Value For Money, Electronization

JEL: F8

公共市场与公共资源交易改革中的风险及安全问题

刘 慧 张睿君[*]

摘 要：在深化经济体制改革战略部署下，公共市场的实质性改革全面展开：通过下放政府对市场的行政审批权、开放垄断性行业、拓展基础设施建设空间，解放公共市场的张力活力；通过公共资源交易改革，努力降低交易的障碍和成本；通过推广政府和社会资本合作模式，扩大公共市场投融资渠道。这是针对我国固有的公共市场管理手段、交易程序、资本供给等关键环节进行的一次重大的改革。它极大地考验着各级、各地政府的执政能力、管理能力和应对能力。本文对2013~2017年政府发布的相关政策文件进行梳理分析，发现政府对公共市场中规制和契约的制定、法律管理和监督的权限、信息及数据资源的掌握和控制都存在极大的漏洞，不及早发现并制定有效应对方案，可能上升为新兴的国家经济安全风险。

关键词：公共市场 公共资源交易 公共资源安全 公共利益 资源配置
中图分类号：F8

党的十八大以来，中国公共经济领域经历了前所未有的改革与创新。中央决策的全面深化改革和"十三五"规划提出具体推动步骤和目标，使公共市场全面深化改革迈出了实质性步伐：通过下放政府对市场的行政审批权、开放垄断性行业、拓展基础设施建设空间，解放公共市场的张力活力；通过公共资源交易改革，努力降低交易的障碍和成本；通过推广政府和社会资本合作模式，扩大公共市场投融资渠道。应当看到，这是针对我国固有的公共市场管理手段、交易程序、资本供给等关键环节进行的一次"大手术"，是我国公共市场体制机制的一次重大、并且触及本源的改革。作为改革的设计者和坚定推动者，政府部门应当从中预见哪些面临的矛盾和风险，如何解决突显的问题并在改革持续深化的过程中加以解决和防范，是本文特别关注的重点。

---

[*] 刘慧：国际关系学院党委书记、教授，北京市海淀区坡上村12号；张睿君：国际关系学院公共市场与政府采购研究所助理研究员。

一、公共市场改革

公共市场是由公共部门、公共资金和资源等要素构成的经济活动空间。其主要活动是由公共部门（在我国主要指政府、事业单位和国有企业）直接或通过公共资金、资源的投入，生产、提供公共产品、公共服务的行为，是"具有公有性、公益性的交易活动。"①

近几年，我国推动的公共市场改革是从以下三个方面进行的。

（一）取消或下放行政审批权，减少政府市场干预

公共市场改革的第一关是解决政府对公共市场的运行和交易控制管理权问题。中国共产党十八届三中全会《决定》提出，全面深化经济体制改革要"着力解决市场体系不完善、政府干预过多和监管不到位问题"。②说明，公共市场改革的关键环节首先在于政府放权。

2015~2017年国务院共取消和下放392项国务院部门及其指定地方实施的审批事项，清理规范350项审批中介服务事项，取消351项职业资格许可认定事项。③（见表1）

例如，国务院在2016年2月3日颁发3项决定，取消一批行政审批项目，总计达357项。其范围之广、力度之大前所未有。具体包括：192项国务院部门行政审批中介服务事项，152项中央指定地方实施行政审批事项，13项国务院部门行政许可事项④（见表1）。其中涉及工业和信息化部、国土资源部和民航局等部门，将近1/2涉及公共事业部门。如，取消了对基础电信和跨地区增值电信业务经营许可证、国内通用航空企业承担境外通用航空业务的备案核准或审批，将原由中央部门管理的省际普通货物水路运输许可下放至省级人民政府交通运输主管部门等。

为"使市场在资源配置中起决定性作用和更好发挥政府作用，着力降低制度性交易成本，优化营商环境"，2016年5月23日，国务院发布《2016年推进简政放权放管结合优化服务改革工作要点》，提出"持续简政放权""加强监管创新""优化政

---

① 这里部分地借用了中华人民共和国国家发展改革委员会等14部委令第39号《公共资源交易平台管理暂行办法》（2016年8月1日实施）对"公共资源交易"概念的界定。原话为："公共资源交易是……具有公有性、公益性的资源交易活动"。
② 见中国共产党十八届三中全会《中共中央关于全面深化改革若干重大问题的决定》，2013年11月。
③ 根据政府公开发布文件中的所有项目统计，不同的统计口径数字会有偏差。
④ 见：《国务院关于第二批清理规范192项国务院部门行政审批中介服务事项的决定》（国发〔2016〕11号）；《国务院关于第二批取消152项中央指定地方实施行政审批事项的决定》（国发〔2016〕9号）；《国务院关于取消13项国务院部门行政许可事项的决定》（国发〔2016〕10号）。

府服务"三大类共计15项措施,列出2016年简政放权任务清单,并提出再取消50项以上国务院部门和中央指定地方实施的行政审批事项,再取消一批国务院部门行政审批中介服务事项,削减一批生产许可证、经营许可证。①

据统计,2013～2017年,国务院分12批审议通过取消或下放的行政审批和行政许可事项共833项(包括国务院指定地方实施的审批事项)。其中,取消697项,下放136项,涉及的公共市场和公共资源交易项目约占总数的30%。②

此外,减少政府对市场干预还包括,全面放开竞争性领域商品和服务价格,放开电力、石油、天然气、交通运输、电信等领域竞争性环节价格。

表1   2013～2017年国务院取消、下放行政审批和许可的规定

范围	文件名称	发文字号	发布(实施)日期	内容
国务院部门行政审批中介服务	国务院关于第一批清理规范89项国务院部门行政审批中介服务事项的决定	(国发〔2015〕58号)	2015.10.11	清理规范89项国务院部门行政审批中介服务事项,不再作为行政审批的受理条件
	国务院关于第二批清理规范192项国务院部门行政审批中介服务事项的决定	(国发〔2016〕11号)	2016.02.03	清理规范192项国务院部门行政审批中介服务事项,不再作为行政审批的受理条件
	国务院关于第三批清理规范国务院部门行政审批中介服务事项的决定	(国发〔2017〕8号)	2017.01.12	清理规范17项国务院部门行政审批中介服务事项,不再作为行政审批的受理条件
中央指定地方实施行政审批事项	国务院关于第一批取消62项中央指定地方实施行政审批事项的决定	(国发〔2015〕57号)	2015.10.11	取消62项中央指定地方实施的行政审批事项
	国务院关于第二批取消152项中央指定地方实施行政审批事项的决定	(国发〔2016〕9号)	2016.02.03	取消152项中央指定地方实施的行政审批事项
	国务院关于第三批取消中央指定地方实施行政许可事项的决定	(国发〔2017〕7号)	2017.01.12	取消39项中央指定地方实施的行政许可事项
	国务院审改办、国土资源部、住房城乡建设部等关于取消27项中央指定地方实施行政审批中介服务和证明材料的通知	(审改办发〔2017〕4号)	2017.09.07	取消27项中央指定地方实施行政审批中介服务和证明材料
	国务院审改办、国土资源部、文化部等关于取消25项中央指定地方实施行政审批中介服务等事项的通知	(审改办发〔2017〕1号)	2017.03.15	取消25项中央指定地方实施行政审批中介服务等事项

---

① 《2016年推进简政放权放管结合优化服务改革工作要点》(国发〔2016〕30号)。
② 根据政府公开发布文件中的所有项目汇总得出。该数字尚未有国家标准,未进入国家统计范围。不包括5批清理规范国务院部门行政审批中介服务事项的决定,以及4批取消职业资格许可的规定。

续表

范围	文件名称	发文字号	发布（实施）日期	内容
行政审批项目	国务院关于取消和下放一批行政审批项目等事项的决定	国发〔2013〕19号	2013.05.15	取消和下放117项行政审批项目。其中包括，取消71项，下放20项
	国务院关于取消和下放50项行政审批项目等事项的决定	国发〔2013〕27号	2013.07.13	取消和下放46项行政审批项目。其中包括，取消和下放29项、部分取消和下放13项
	国务院关于取消和下放一批行政审批项目的决定	国发〔2013〕44号	2013.11.08	取消和下放68项行政审批项目，加上国发〔2013〕19号文提出取消和下放的16项，共计取消和下放84项行政审批项目
	国务院关于取消和下放一批行政审批项目的决定（2014）	国发〔2014〕5号	2014.01.28	取消和下放64项行政审批项目和18个子项
	国务院关于取消和调整一批行政审批项目等事项的决定	国发〔2014〕27号	2014.07.22	取消和下放45项行政审批项目，其中，11项职业资格许可和认定事项被取消，31项工商登记前置审批事项被改为后置审批；国发〔2013〕27号文和国发〔2013〕44号文提出取消和下放的行政审批项目涉及修改法律，其中8项已提请全国人大常委会修改并通过；共计53项行政审批项目
	国务院关于取消和调整一批行政审批项目等事项的决定（国发〔2014〕50号）	国发〔2014〕50号	2014.10.23	取消和下放58项行政审批项目，取消67项职业资格许可和认定事项，取消19项评比达标表彰项目，将82项工商登记前置审批事项调整或明确为后置审批
	国务院关于取消和调整一批行政审批项目等事项的决定（2014）	国发〔2015〕11号	2015.02.24	取消和下放90项行政审批项目，取消67项职业资格许可和认定事项，取消10项评比达标表彰项目，将21项工商登记前置审批事项改为后置审批；国发〔2014〕5号文中提出的涉及修改法律的行政审批事项，有4项国务院已按照法定程序提请全国人民代表大会常务委员会修改了相关法律；共计94项行政审批项目

续表

范围	文件名称	发文字号	发布（实施）日期	内容
国务院部门行政许可事项	国务院关于取消13项国务院部门行政许可事项的决定	（国发〔2016〕10号）	2016.02.03	取消13项行政许可事项
	国务院关于取消一批行政许可事项的决定	（国发〔2017〕46号）	2017.09.22	取消52项行政许可事项，其中40项国务院部门实施的行政许可事项和12项中央指定地方实施的行政许可事项
职业资格许可和认定事项	国务院关于取消一批职业资格许可和认定事项的决定	（国发〔2015〕41号）	2015.07.20	国务院决定取消62项职业资格许可和认定事项
	国务院关于取消一批职业资格许可和认定事项的决定	（国发〔2016〕5号）	2016.01.20	国务院决定取消61项职业资格许可和认定事项
	国务院关于取消一批职业资格许可和认定事项的决定（国发〔2016〕35号）	（国发〔2016〕35号）	2016.06.08	国务院决定取消47项职业资格许可和认定事项
	国务院关于取消一批职业资格许可和认定事项的决定（国发〔2016〕68号）	（国发〔2016〕68号）	2016.12.01	国务院决定取消114项职业资格许可和认定事项

资料来源：根据政府公开发布文件统计，日期截至2017年12月1日。

（二）进一步扩大公共市场，开放自然垄断行业

扩大市场的具体手段包括开放自然垄断行业，放宽准入，简政减税，开放公共服务市场等。例如，放开养老服务市场，支持社会力量提供教育、养老、医疗等服务；允许非公有制企业参与国有企业改革，"凡法律法规未明确禁入的行业和领域，都要允许各类市场主体平等进入；凡向外资开放的行业和领域，都要向民间资本开放"。①

自然垄断行业开放决策于党的十八届三中全会，行动开始于2016年。党的十八届三中全会通过的《中共中央关于全面深化改革若干重大问题的决定》② 指出，"必须积极稳妥从广度和深度上推进市场化改革，大幅度减少政府对资源的直接配置，推动资源配置依据市场规则、市场价格、市场竞争实现效益最大化和效率最优化"。《十三五规划纲要》明确提出："要加快开放电力、电信、交通、石油、天然气、市

---

① 见《中华人民共和国国民经济和社会发展第十三个五年规划纲要》（以下简称《十三五规划纲要》）。
② 原文："紧紧围绕使市场在资源配置中起决定性作用深化经济体制改革"，见《中共中央关于全面深化改革若干重大问题的决定》，2013年11月12日。

政公用（领域）等自然垄断行业的竞争性业务"①。

自然垄断行业是指，某些行业由于资源稀缺，或供给、服务专业化和以规模控制成本等特征要求，需由单一物品或服务供应企业通过大规模初始投资，遍布供应网点，以保证在平稳价格的基础上增加产量或降低成本。这类行业一旦有企业进入，自然形成对市场的独占或垄断。如公共服务方面包括，城市乡村居民的供水、供电、公共交通、燃气供应、邮政等；公共设施建设方面如，水利、铁路、公路、水运、防洪防涝、地下管网等。

（三）拓展公共基础建设空间

基础设施建设与公共服务共同构成公共市场的重要支撑。扩展公共基础建设的空间被确定为供给侧结构性改革的战略举措。2016～2020年将实施165项重大工程项目，其中包含"科技创新2030——重大项目"的15个重大项目与工程；金融、农业、高端装备、战略性新兴产业、信息化、新型城镇化、特殊类型地区、海洋等八个方面的有助于推进经济转型升级的重大工程项目；生态环境领域的19个重大工程项目（其中5个是资源节约集约循环利用，6个环境治理保护，8个山水林田湖生态）。例如，环境治理涉及1000万亩受污染耕地治理修复和4000万亩受污染耕地风险管控；建设5座中低放射性废物处置场和1个高放射性废物处理地下实验室；新增水土流失治理面积27万平方公里；开拓全国湿地面积不低于8亿亩等。②

上述165项重大工程项目在2017年加速落地，涉及民生、公共服务、基建等一大批重点投资工程项目。如，《"十三五"脱贫攻坚规划》要求财政、投资、金融各类资金要进一步向贫困地区和贫困人口倾斜，为打赢脱贫攻坚战提供资金保障。《西部大开发"十三五"规划》列出了近百项有重要影响的工程项目；《东北振兴"十三五"规划》针对基础设施、网络等当地落后的领域提出了一批重大工程项目；《"十三五"国家科技创新规划》重点解决科技创新和经济转型升级；《"十三五"国家战略性新兴产业发展规划》《"十三五"生态环境保护规划》《能源发展"十三五"规划》等制定和出台了重点专项规划项目。《地热能源开发利用"十三五"规划》明确指出，截至2020年底，中国新增地热能供暖（制冷）面积将累计达到16亿平方米，新增地热发电装机容量500MW。据估计，这将拉动总计2600亿元投资。其中，政府和社会资本合作机制将成为重要手段。③

---

① 见《十三五规划纲要》，第二十四章第三节。
② 见《十三五规划纲要》。
③ 见《经济参考报》，2017年2月10日。

二、公共资源交易改革

（一）公共资源交易改革

"公共资源"内涵广泛，概括地指：不为某个人或企业组织单独拥有、为人类提供生存、发展、享受的自然物质或自然条件，其所有权由全体社会成员共同享有，具有公有性、公益性。公共资源交易以涉及公共利益、公众安全为特征，是我国公共市场中的极其重要的经济活动方式之一。

当前，我国政府推进的公共资源交易改革主要集中在工程建设项目招标投标、土地使用权和矿业权出让、国有产权交易、政府采购等四大领域的市场改革上。

公共资源交易市场的改革动议始于 2013 年。第十二届全国人大通过《关于国务院机构改革和职能转变方案的决定》要求："整合工程建设项目招标投标、土地使用权和矿业权出让、国有产权交易、政府采购等平台，建立统一规范的公共资源交易平台，有关部门在职责范围内加强监督管理"。这是我国首次提出，以一个全新的公共资源交易平台建设推进公共资源交易市场改革的创新思路。之所以如此，是由于我国工程建设项目招标投标、土地使用权和矿业权出让、国有产权交易、政府采购四个领域，长期并存雷同但各自封闭的市场。据统计，2015 年，全国各类公共资源交易市场 4103 个[①]。这些市场有各自的上级主管单位、交易规则、网络平台和监督机制，交易平台重复建设、市场分割现象严重，重复交易成本高，甚至行政化色彩浓，市场信息孤岛化，阻碍了公共资源交易市场化发展和遵循经济规律。

（二）公共资源交易平台整合

2015 年，国务院办公厅印发《整合建立统一的公共资源交易平台工作方案的通知》[②]。明确提出"整合分散设立的工程建设项目招标投标、土地使用权和矿业权出让、国有产权交易、政府采购等四类交易平台，在统一的平台体系上实现信息和资源共享，依法推进公共资源交易高效规范运行。同时，积极有序推进其它公共资源交易纳入统一平台体系。"《方案》重点强调推进公共资源交易平台整合工作中制度规则、信息共享、专家资源和服务平台四个统一，并确立了整合工作时间表。即 2016 年 6

[①] 资料来源：《国家发展改革就公共资源交易平台整合工作有关情况举行发布会》，2016 年 12 月 1 日。
[②] 国办发〔2015〕63 号，简称《63 号方案》。

月底前，地方各级政府要基本完成公共资源交易平台整合工作；2017年6月底前，在全国范围内形成规则统一、公开透明、服务高效、监督规范的公共资源交易平台体系，基本实现公共资源交易全过程电子化。

经过对全国各地工程建设项目招标投标、土地使用权和矿业权出让、政府采购、国有产权四大类别交易平台的整合，到2016年底，全国公共资源交易平台从4103个合并为500多个，交易平台总数减少了85%。① 有些省市还把市场整合的成果进一步扩大，在整合后的统一平台上，将医药采购、碳排放权、林地使用权出让等交易项目容纳到本地公共资源统一交易平台上。其后，交易流程规则的统一、标准的统一、数据信息的交换等，都成为迫切需要解决的问题。

在规则的统一方面，国家发展改革委2016年6月联合相关部门出台《公共资源交易平台管理暂行办法》②，对公共资源交易平台的服务内容和流程、收费标准、信息共享和监督管理渠道等方面的操作规范和制度设计进行规定。同年，国务院国有资产监督管理委员会、财政部发布《企业国有资产交易监督管理办法》明确要求国有资产交易应当在依法设立的产权交易机构中公开进行，即所谓"进场交易"。《办法》还对国有企业产权转让、增资、资产转让等国有资产交易行为做出详细规定。③

在公共资源交易数据的统计方面，国家发展改革委会同15个部委于2016年1月联合印发《关于试行公共资源交易数据统计分析制度的通知》④，要求重视对各地公共资源交易情况和变化趋势的统计，运用大数据分析提高政府治理能力。国家公共资源交易平台于2016年12月启动运行，与32个省级平台⑤完成对接，实现数据交换。

按照要求，2017年6月底前在全国范围内形成规则统一的公共资源交易平台体系，基本实现公共资源交易全过程电子化。目前，国家公共资源交易平台已经涵盖了四项基本交易，正在推动将各地药品、二类疫苗采购、碳排放权交易和林权等其他公共资源项目的信息纳入。

三、向社会开放投资与运营的改革

《十三五规划纲要》实施的165项重大工程项目将需要大规模资金投入，完全依

---

① 资料来源：《国家发展改革委就公共资源交易平台整合工作有关情况举行发布会》，2016年12月1日。
② 文号为：国家发展和改革委员会、工业和信息化部、财政部、国土资源部、环境保护部、住房和城乡建设部、交通运输部、水利部、商务部、国家卫生和计划生育委员会、国务院国有资产监督管理委员会、国家税务总局、国家林业局、国家机关事务管理局令，第39号。
③ 文号为：国务院国有资产监督管理委员会、财政部令第32号。
④ 文号为：发改办法规〔2016〕219号。
⑤ 32个省、直辖市和新疆生产建设兵团，不含港、澳、台。

靠财政资金，直接由政府部门和国有企业提供不可能完成。此外，由于全社会经济水平和生活质量大幅度提高，对高水准的公共设施及公共服务的需求迅速上升。因此，广泛吸收社会资本，动员民间和市场力量共同参与完成"十三五"规划目标和要求的重点专项任务成为必然。以政府和社会资本合作的模式推动基础设施建设和公共服务供应成为2015～2017年公共市场改革的重要举措。

事实上，党的十八届三中全会已经要求鼓励社会资本参与城市基础设施投资和运营、参与公共文化体系建设、投入生态环境保护等市场，提出"允许社会资本通过特性经营等方式参与城市基础设施投资和运营"。此后，国务院和各相关部委连续发文，对推广运用政府和社会资本合作的模式进行说明、解释并作初步规范。如，财政部2014年9月发布《关于推广运用政府和社会资本合作模式有关问题的通知》，对政府和社会资本合作模式（Public‐Private‐Partnerships，PPP）进行定义："政府部门和社会资本在基础设施及公共服务领域建立的一种长期合作关系"。①

政府陆续公布允许以政府和社会资本合作模式介入的项目或领域。从最初的城市基础设施②，进而扩大到生态环保、农林水利、重要基础设施、能源和社会事业等国家重点领域建设③。由于初始政策措施不具体，社会资本多数持观望态度。2015年4月，国家发展和改革委员会、财政部、住房和城乡建设部、交通运输部、水利部、中国人民银行联合发布《基础设施和公用事业特许经营管理办法》④对基础设施和公用事业特许经营的适用范围、实施程序、政策支持等作了较为全面的规定。2015年5月，财政部、发改委、人民银行发文，鼓励吸引社会资本参与能源、交通运输、水利、环境保护、农业、林业、科技、保障性安居工程、医疗、卫生、养老、教育、文化等公共服务领域的投资、运营管理，采用政府和社会资本合作模式⑤。财政部、国家发展改革委还分别或会同相关部门出台多项具体措施（见表2），包括对PPP财政管理、金融支持、项目操作和管理、专家管理、信息公开的规定以及市政工程、林业农业、水污染防治等具体基础设施领域的工作指导意见。此外，国务院办公厅和国家发展改革委2016年分别发布《关于进一步做好民间投资有关工作的通知》《促进民间投资健康发展若干政策措施》鼓励民间投资进入基础设施和公用事业领域，推动建立市场准入负面清单制度，为民间投资清除障碍。

为了加快进程，国家有关部门以"政府与社会资本合作模式示范项目"的方式

---

① 见财政部：《关于推广运用政府和社会资本合作模式有关问题的通知》，（财金〔2014〕76号）。
② 见国务院：《关于加强地方政府性债务管理的意见》，（国发〔2014〕43号）。
③ 见国务院：《关于创新重点领域投融资机制鼓励社会投资的指导意见》，（国发〔2014〕60号）。
④ 见国家发展和改革委员会、财政部、住房和城乡建设部、交通运输部、水利部、中国人民银行令第25号，（简称25号令）。
⑤ 见《关于在公共服务领域推广政府和社会资本合作模式的指导意见》，（国办发〔2015〕42号）。

开展申报和推介。2014~2016年，财政部会同相关部门开展了三次PPP示范项目申报工作。其中，首批项目30个，计划总投资规模约1800亿元；第二批项目206个，计划总投资规模6859亿元；第三批项目516个，计划总投资规模11708亿元①。2015~2016年，国家发展改革委分三批向社会公开推介以PPP模式建设基础设施项目。首批1043个项目，总投资规模约1.97万亿元；第二批1488个项目，总投资规模约为2.26万亿元；第三批1233个项目，总投资规模约为2.14万亿元②。2016年国家发展改革委投资司联合全国工商联经济部共同向民营企业推介了668个，总投资约1.14万亿元人民币的传统基础设施领域PPP项目③。

表2　　　　2014~2017年政府和社会资本合作（PPP）直接相关法规

年份	序号	文件名称	发文字号/发布部门	效力级别	发布日期	实施日期
2014	1	国务院关于加强地方政府性债务管理的意见	（国发〔2014〕43号）	国务院规范性文件	2014.09.21	2014.09.21
	2	国务院关于创新重点领域投融资机制鼓励社会投资的指导意见	（国发〔2014〕60号）	国务院规范性文件	2014.11.16	2014.11.16
	3	财政部关于推广运用政府和社会资本合作模式有关问题的通知	（财金〔2014〕76号）	部门规范性文件	2014.09.23	2014.09.23
	4	财政部关于印发《政府和社会资本合作模式操作指南（试行）》的通知	（财金〔2014〕113号）	部门规范性文件	2014.11.29	2014.11.29
	5	财政部关于政府和社会资本合作示范项目实施有关问题的通知	（财金〔2014〕112号）	部门规范性文件	2014.11.30	2014.11.30
	6	国家发展和改革委员会关于开展政府和社会资本合作的指导意见	（发改投资〔2014〕2724号）	部门工作文件	2014.12.02	2014.12.02
	7	关于印发《政府购买服务管理办法（暂行）》的通知	（财综〔2014〕96号）	部门规范性文件	2014.12.15	2014.01.01
	8	关于规范政府和社会资本合作合同管理工作的通知	（财金〔2014〕156号）	部门规范性文件	2014.12.30	2014.12.30
	9	财政部关于印发《政府和社会资本合作项目政府采购管理办法》的通知	（财库〔2014〕215号）	部门规范性文件	2014.12.31	2014.12.31

① 数据来源：财政部政府和社会资本合作示范项目公示。三批批准时间分别为2014年11月30日、2015年9月25日和2016年10月11日。
② 数据来源：国家发展改革委网站政策研究室子网站公告统计。
③ 数据来源：国家发展改革委网站投资司子网站。

续表

年份	序号	文件名称	发文字号/发布部门	效力级别	发布日期	实施日期
2015	10	国务院办公厅转发财政部发展改革委人民银行关于在公共服务领域推广政府和社会资本合作模式指导意见的通知	（国办发〔2015〕42号）	国务院规范性文件	2015.05.19	2015.05.19
	11	国务院办公厅关于进一步做好民间投资有关工作的通知	（国办发明电〔2016〕12号）	国务院规范性文	2016.07.01	2016.07.01
	12	基础设施和公用事业特许经营管理办法	（国家发展和改革委员会、财政部、住房和城乡建设部、交通运输部、水利部、中国人民银行令第25号）	部门规章	2015.04.25	2015.06.01
	13	国家能源局关于鼓励社会资本投资水电站的指导意见	（国能新能〔2015〕8号）	部门规范性文件	2015.01.12	2015.01.12
	14	财政部、住房城乡建设部关于市政公用领域开展政府和社会资本合作项目推介工作的通知	（财建〔2015〕29号）	部门工作文件	2015.02.13	2015.02.13
	15	国家发展改革委、国家开发银行关于推进开发性金融支持政府和社会资本合作有关工作的通知	（发改投资〔2015〕445号）	部门工作文件	2015.03.10	2015.03.10
	16	国家发展改革委、财政部、水利部关于鼓励和引导社会资本参与重大水利工程建设运营的实施意见	（发改农经〔2015〕488号）	部门规范性文件	2015.03.17	2015.03.17
	17	财政部关于印发《政府和社会资本合作项目财政承受能力论证指引》的通知	（财金〔2015〕21号）	部门规范性文件	2015.04.03	2015.04.03
	18	财政部、环境保护部关于推进水污染防治领域政府和社会资本合作的实施意见	（财建〔2015〕90号）	部门工作文件	2015.04.09	2015.04.09
	19	财政部、交通运输部关于在收费公路领域推广运用政府和社会资本合作模式的实施意见	（财建〔2015〕111号）	部门规范性文件	2015.04.20	2015.04.20
	20	财政部、国土资源部、住房城乡建设部等关于运用政府和社会资本合作模式推进公共租赁住房投资建设和运营管理的通知	（财综〔2015〕15号）	部门工作文件	2015.04.21	2015.04.21

续表

年份	序号	文件名称	发文字号/发布部门	效力级别	发布日期	实施日期
2015	21	国家发展改革委、财政部关于运用政府投资支持社会投资项目的通知	(发改投资〔2015〕823号)	部门规范性文件	2015.04.21	2015.04.21
	22	财政部关于进一步做好政府和社会资本合作项目示范工作的通知	(财金〔2015〕57号)	部门规范性文件	2015.06.25	2015.06.25
	23	国家发展改革委关于切实做好《基础设施和公用事业特许经营管理办法》贯彻实施工作的通知	(发改法规〔2015〕1508号)	部门规范性文件	2015.07.02	2015.07.02
	24	国家发展改革委、财政部、国土资源部、银监会、国家铁路局关于进一步鼓励和扩大社会资本投资建设铁路的实施意见	(发改基础〔2015〕1610号)	部门规范性文件	2015.07.10	2015.07.10
	25	国家发展改革委、中国保监会关于保险业支持重大工程建设有关事项的指导意见	(发改投资〔2015〕2179号)	部门规范性文件	2015.09.24	2015.09.24
	26	财政部关于公布第二批政府和社会资本合作示范项目的通知	(财金〔2015〕109号)	部门工作文件	2015.09.25	2015.09.25
	27	财政部关于印发《政府投资基金暂行管理办法》的通知	(财预〔2015〕210号)	部门规范性文件	2015.11.12	2015.11.12
	28	财政部关于实施政府和社会资本合作项目以奖代补政策的通知	(财金〔2015〕158号)	部门规范性文件	2015.12.08	2016.01.01
	29	财政部关于规范政府和社会资本合作（PPP）综合信息平台运行的通知	(财金〔2015〕166号)	部门规范性文件	2015.12.18	2016.01.01
	30	财政部关于印发《PPP物有所值评价指引（试行）》的通知	(财金〔2015〕167号)	部门规范性文件	2015.12.18	2015.12.18

续表

年份	序号	文件名称	发文字号/发布部门	效力级别	发布日期	实施日期
2016	31	国家能源局关于在能源领域积极推广政府和社会资本合作模式的通知	（国能法改〔2016〕96号）	部门规范性文件	2016.03.31	2016.03.31
	32	财政部、发展改革委关于进一步共同做好政府和社会资本合作（PPP）有关工作的通知	（财金〔2016〕32号）	部门规范性文件	2016.05.28	2016.05.28
	33	国家发展改革委关于切实做好传统基础设施领域政府和社会资本合作有关工作的通知	（发改投资〔2016〕1744号）	部门规范性文件	2016.08.10	2016.08.10
	34	国家发展改革委办公厅关于国家高速公路网新建政府和社会资本合作项目批复方式的通知	（发改办基础〔2016〕1818号）	部门规范性文件	2016.08.10	2016.08.10
	35	财政部关于印发《政府和社会资本合作项目财政管理暂行办法》的通知	（财金〔2016〕92号）	部门规范性文件	2016.09.24	2016.09.24
	36	国家发展改革委、住房城乡建设部关于开展重大市政工程领域政府和社会资本合作（PPP）创新工作的通知	（发改投资〔2016〕2068号）	部门工作文件	2016.09.28	2016.09.28
	37	财政部关于在公共服务领域深入推进政府和社会资本合作工作的通知	（财金〔2016〕90号）	部门工作文件	2016.10.11	2016.10.11
	38	财政部、教育部、科技部等关于联合公布第三批政府和社会资本合作示范项目加快推动示范项目建设的通知	（财金〔2016〕91号）	部门工作文件	2016.10.11	2016.10.11
	39	促进民间投资健康发展若干政策措施	国家发展和改革委员会	（部门规范性文件）	2016.10.12	2016.10.12
	40	国家发展改革委关于印发《传统基础设施领域实施政府和社会资本合作项目工作导则》的通知	（发改投资〔2016〕2231号）	部门规范性文件	2016.10.24	2016.10.24

续表

年份	序号	文件名称	发文字号/发布部门	效力级别	发布日期	实施日期
2016	41	国家发展改革委、国家林业局关于运用政府和社会资本合作模式推进林业建设的指导意见	（发改农经〔2016〕2455号）	部门工作文件	2016.11.21	2016.11.21
	42	国家发展改革委、农业部关于推进农业领域政府和社会资本合作的指导意见	（发改农经〔2016〕2574号）	部门工作文件	2016.12.06	2016.12.06
	43	国家发展改革委、中国证监会关于推进传统基础设施领域政府和社会资本合作（PPP）项目资产证券化相关工作的通知	（发改投资〔2016〕2698号）	部门规范性文件	2016.12.21	2016.12.21
	44	财政部关于印发《财政部政府和社会资本合作（PPP）专家库管理办法》的通知	（财金〔2016〕144号）	部门规范性文件	2016.12.30	2016.12.30
	45	国家发展和改革委员会、交通运输部关于进一步做好收费公路政府和社会资本合作项目前期工作的通知	（发改办基础〔2016〕2851号）	部门规范性文件	2016.12.30	2016.12.30
2017	46	国务院办公厅关于创新农村基础设施投融资体制机制的指导意见	（国办发〔2017〕17号）	国务院规范性文件	2017.02.06	2017.02.06
	47	财政部关于印发《政府和社会资本合作（PPP）综合信息平台信息公开管理暂行办法》的通知	（财金〔2017〕1号）	部门规范性文件	2017.01.23	2017.03.01
	48	国家发展改革委、住房城乡建设部关于进一步做好重大市政工程领域政府和社会资本合作（PPP）创新工作的通知	（发改投资〔2017〕328号）	机关工作综合规定	2017.02.20	2017.02.20
	49	财政部关于印发《政府和社会资本合作（PPP）咨询机构库管理暂行办法》的通知	（财金〔2017〕8号）	部门规范性文件	2017.03.22	2017.05.01
	50	国家发展改革委办公厅关于印发《政府和社会资本合作（PPP）项目专项债券发行指引》的通知	（发改办财金〔2017〕730号）	部门工作文件	2017.04.25	2017.04.25
	51	中国保监会关于保险资金投资政府和社会资本合作项目有关事项的通知	（保监发〔2017〕41号）	部门规范性文件	2017.05.04	2017.05.04

续表

年份	序号	文件名称	发文字号/发布部门	效力级别	发布日期	实施日期
2017	52	财政部、农业部关于深入推进农业领域政府和社会资本合作的实施意见	（财金〔2017〕50号）	部门工作文件	2017.05.01	2017.05.01
	53	财政部、中国人民银行、中国证监会关于规范开展政府和社会资本合作项目资产证券化有关事宜的通知	（财金〔2017〕55号）	部门工作文件	2017.06.07	2017.06.07
	54	财政部、民政部、人力资源社会保障部关于运用政府和社会资本合作模式支持养老服务业发展的实施意见	（财金〔2017〕86号）	部门工作文件	2017.08.04	2017.08.04
	55	财政部办公厅关于规范政府和社会资本合作（PPP）综合信息平台项目库管理的通知	（财办金〔2017〕92号）	部门工作文件	2017.11.10	2017.11.10
	56	国资委关于加强中央企业PPP业务风险管控的通知	（国资发财管〔2017〕192号）	部门规范性文件	2017.11.17	2017.11.17
	57	交通运输部办公厅关于印发《收费公路政府和社会资本合作操作指南》的通知（2017修订）	（交办财审〔2017〕173号）	部门规范性文件	2017.11.22	2017.11.22

资料来源：根据政府公开发布文件统计，日期截至2017年12月1日。

四、公共市场与公共资源交易改革中的风险及能力建设

近几年开展的公共市场与公共资源交易改革的三大核心是市场体系建设、行政权力下放和加强监督管理。这意味着对旧机制的革命和新机制的创新。这一触动本源的改革无疑成为新的测试题，更加考验各级政府执行能力和水平。深层次看，若全面深化改革出现的新问题未能根治，累积的问题必将成为未来的风险。涉及公共资源交易的重大风险如下。

（一）规制和契约缺陷的风险

市场全面开放前，政府部门通过直接提供公共产品和服务而掌握控制权，风险和

收益为一体。公共市场开放后，若无特别的合同条款约定，赢得使用权的企业将更多享受经营成功的收益，政府则可能单独或至少与企业共担失败的后果。

以公共资源交易为例。其各种交易形式如，公开挂牌竞价转让企业国有产权、招拍挂土地使用权、支付租金得到矿业权、通过招标投标承包工程建设项目、通过招标、谈判、询价等方式政府采购、特许经营等，最终都需要签订合同的方式。即契约方式明确质量要求、价格（租金）、期限、当事各方责任、义务、权利等。而目前，多数地区和政府部门将注意力集中在交易的竞争环节上：是否有多家参与竞争，是否使用了统一的交易平台，是否使用了招标或拍卖程序，是否有专家评审，是否公开发布了信息等等。而对于前期标的条件标准的制定，后期合同条款的制定，都缺乏专业化的组织能力、业务能力和管理手段。

再如，2016年各地已经普遍开展和签订的基础设施和公用事业特许经营合同（PPP模式），需要通过契约权利、义务、目标、风险分担等，应做好制度设计和政策安排，明确适用于政府和社会资本合作模式的项目类型、采购程序、融资管理、项目监管、绩效评价等事宜。特别是项目前期风险评估，需要大量的信息数据作为支撑，谁来评估、怎样评估、谁为评估买单等等。不但要求政府部门人员的专业知识和能力，同时要求部门的担当。从当前的项目落地情况来看，存在不少地区急于求成的现象。未见到试点效果和进行认真分析，就匆匆上马，让一些不具有相关专业能力的政府人员或委托机构完成复杂且长期的合同制定、签订。

从上位法和相关制度看，没有专门的法律或条例。到目前为止，《基础设施和公共服务领域政府和社会资本合作条例》在前期征求意见后尚未出台，相关规范主要以国务院和部门规范性文件或部门工作文件为主（有关部委近两年密集出台一批相关文件，涵盖农业、林业、交通、市政工程等具体领域，政府部门有选择与财政部联合发文的，也有选择与国家发展改革委联合发文的）。如，财政部、环境保护部印发《关于推进水污染防治领域政府和社会资本合作的实施意见》（财建〔2015〕90号），国家发展改革委、农业部印发《关于推进农业领域政府和社会资本合作的指导意见》（发改农经〔2016〕2574号）等（法规列表见表2）。其核心问题是，PPP项目全程涉及政府采购、土地、财税、融资、价格等多领域，分别适用《政府采购法》《招标投标法》《土地管理法》《预算法》《合同法》等法律，PPP项目的某一个阶段某一个环节可能找到相应的规范，但一些新的问题诸如，长期合同中政府与企业之间、政府部门之间的法律关系调整问题、项目转让问题，公共产品和服务由于使用者付费带来的相关法律问题等，缺乏对具体项目实施和运行加以规范的法律。再比如，对一项五年或十年以上期限的大金额项目，什么级别的人员和决策机构有权代表政府签订合同，未来的执行和监督机制如何确定和调整？政府放权并在市场机制发挥作用一定时间后，政府根据形势和环境需要介入项目管理是否合法？或者，项目承担企业因没有足够的法律保障而缺乏安全感，不愿意长期投资或力图尽快回收成本等短期经济行为。

此外，除上述经济因素缺乏规范外，公共市场开放中的非经济因素是更大的潜在危险。如，由于各种跨国资源网络的存在，私营安保服务公司在全球拓展业务，可以根据合同在任何国家和地区参与安全公共产品供给。对私营军事与安保服务公司而言，由于发达国家的法律体系相对成熟完善，选择发展中国家寻求商业机会不失为明智之选（张春，2016，9）。

当权力走出了规则的空间，须尽快由法律规范来填补。否则，尽管政府可以通过对市场权力下放转移责任，但未来由于经济和非经济因素引发风险时，政府会因为不得不承担责任而付出更大的代价。

（二）法律管理、监督缺失的风险

此处所说"管理"（management），区别于各级政府部门习惯的传统思维下的"行政管理"（administration）。它要求从市场思维出发，借鉴商业管理理念所进行的管理。商业管理的精髓是项目管理、目标责任制，工作职责最终落实到具体人员。此次公共市场改革的核心是政府向市场让渡权利，准确地说，是使用权利的出让。公共基础设施、公共资源的国家所有权未改变，所以，国有资本和公共事业安全的责任仍要落到政府部门肩上，落在具体PPP项目的签约部门（政府部门）和经手人（部门领导）肩上。这样，政府在市场开放后，必须用市场管理的思维和办法，对每一个工程建设项目、土地使用权和矿业权出让、国有产权交易、国有资本的投向等问题上，都负责决策正确，分工、责任明确，过程有人跟踪，验收和监督有人负责。

但现实中，当遇到具体决策或问题时，或者集体决策，集体担责；或者某部门权利独享、多部门责任共担。这种机制导致各级政府部门仍然以文件管"事"。然而，公共市场开放后，基层政府和行业部门将遇到更多日常管理问题：具体项目的论证、预期目标和要求、交易的方式、竞争的标准、价格或成本的估算、资金的投入或配比、风险评估、政府和承办（受让）企业间的责任划分、具体应由哪些部门和人员承担哪些责任，等等。即使把责任落实到具体部门和人员，按现行体制要求，政府部门人员流动、岗位升迁变动时时发生，尤其涉及资金财产的重要岗位更加要求轮换，结果使得重大投资项目或公共事业项目无人负责到底。加之政府部门的分工，并非考虑市场管理的特征。保障公众利益，保护投资人利益，保护国有资产可能落空，成为公共市场安全管理的重大隐患。

再从监督方面看。公共市场改革和公共资源交易中的各种创新，出现了许多新的监督领域。非所有制经济和民间资本进入公共市场，给政府部门带来监督工作新的挑战。例如，政府和社会资本合作模式的项目，具有价格调整机制相对灵活、市场化程度相对较高、投资规模相对较大、需求长期稳定等特点，又由于地域、行业，或者工程、服务、货物供应等不同要素搭配形成极具个性化特点的相互不可比的具体项目，给政府部门实施监督提出现代化、科学化、知识化的新要求。

公共市场开放后，政府对市场监管从原来的直接行政管理转化为间接市场监管，难度大幅度增加。首先，监管对象和环节多：竞争招标、合同承包、特许经营、租赁、项目融资、贷款及清算、项目出售及转让、公开上市等，签约前与签约后商业运作等行为高度专业化，习惯于传统计划经济思维的政府部门及人员难以应对；此外，市场化后得到使用权的各个经济体在没有法律强制信息公开的制度安排时，其信息透露是极其有限的。政府因而本身就处在信息不对称状态下开展监管，（除非使用高的监管成本，如向企业派驻人员，但这不现实），搜集和掌握具体项目运营的内部真实信息困难，如果再加上政府法律制度在监管方面的缺失，使监管机构介入的渠道和权力的合法性不完整，政府对公共市场的监管就几乎为零。更何况，有些市场化行为如PPP，其长达"最长不超过30年"①的项目期限将带来更多的非经济风险因素，使监管机构处于不利地位。

公共基础设施和公用事业市场化后，价格调整成为必然，特别是随着特许经营许可期的临近，企业采取违约、降低质量或减少供给等机会主义行为的激励也会相应提高（曹远征、付晓建，2016，222）。对政府来说，监管不力可能使未加及时处置的经济纠纷转化为社会问题，引发社会公众对政府的不满情绪。例如，获得特许经营的南京百江公司的劳资纠纷一度造成供气中断，从而将企业内部问题演变为社会问题（曹远征、付晓建，2016，289）。

然而直至目前，政府对相关问题并未高度重视，所采取的方式依然陈旧。如，财政部印发《关于政府和社会资本合作模式操作指南（试行）》（财金〔2014〕113号）第三十条规定，"政府相关职能部门应根据国家相关法律法规对项目履行行政监管职责，重点关注公共产品和服务质量、价格和收费机制、安全生产、环境保护和劳动者权益等"。显然，该规定仅赋予政府以行政监督权，并未明确监督的法律地位。换句话说，政府职能在其行政职责范围内开展监督。而规定中的质量、价格等5项监督内容更是单薄，不足以应对特许经营中的各类复杂情况。

再看监督机制。政府职能转变的核心是要真正切断规制机构与被规制企业之间的

---

① 见《基础设施和公用事业特许经营管理办法》，（国家发展和改革委员会、财政部、住房和城乡建设部、交通运输部、水利部、中国人民银行令，第25号）。

利益关系，政企分离，构建独立的政府监管体制。监管机构人员构成的专业性，会直接影响到社会公众对政府监管的信任，进而影响到对公用事业市场化的接收程度。（曹远征，2016，295）。然而，目前相关部门对监督机构的确立基本是用"谁的娃儿谁抱走""多龙治水"的简单方式：国家发改委第25号令对负责监督部门进行了一一列举①，同时要求建立协调机制："县级以上地方人民政府应当建立各有关部门参加的基础设施和公用事业特许经营部门协调机制，负责统筹有关政策措施，并组织协调特许经营项目实施和监督管理工作"。从各项规章制度中，未见一项专门对监督加以说明和细化的。

对公共市场的监督应当包括对政府、企业、项目（合同）执行的监督。以PPP模式而论，政府部门（主要是地方政府）与企业是契约的签约当事方，而选择权和决定权在政府。因此，对政府的监督是政府与社会资本合作模式的重要内容，而现有监督机制明显落入"既是运动员又是裁判员"的窠臼。而更为不利的是，近几年签订的PPP项目契约中，基本没有给未来法制化的监督管理留下进入渠道，特别是特许经营合同基本为十年以上期限，随着我国经济体制改革的深入，行政监督的手段越加弱化。而且，以法律制度监督管理法律契约的社会环境逐渐形成，再以行政监督强制介入，必然引发诸多社会问题，政府还要为行政监督和干预的后果付出更大的代价。

我国各项公用事业和公共服务项目涉及民主保障和民众利益。对城市供水、供暖、供气、污水和垃圾处理、保障性安居工程、地下综合管廊、轨道交通、医疗等服务消费设施等项目的质量和持续低价，已经在百姓中形成固定印象和习惯，有效的管理和有力的监督，直接关系到社会及人心稳定。

（三）信息及数据资源滥用、标准混乱的风险

按照国家有关规定，"公共资源交易平台应当按照国家统一的技术标准和数据规范，建立公共资源交易电子服务系统，开放对接各类主体依法建设的公共资源电子交易系统和政府有关部门的电子监管系统"②。"公共资源交易情况在一定程度上能够反映资源配置、投资趋势、市场开放活跃程度"③。要求"有关单位和部门在公共资源

---

① 《基础设施和公用事业特许经营管理办法》，（第25号令）第七条，国务院发展改革、财政、国土、环保、住房城乡建设、交通运输、水利、能源、金融、安全监管等有关部门按照各自职责，负责相关领域基础设施和公用事业特许经营规章、政策制定和监督管理工作。县级以上地方人民政府发展改革、财政、国土、环保、住房城乡建设、交通运输、水利、价格、能源、金融监管等有关部门根据职责分工，负责有关特许经营项目实施和监督管理工作。
② 见国家发展改革委等14个部委关于《公共资源交易平台管理暂行办法》，2016年8月施行。
③ 见国家发展改革委办公厅等16部委办公厅（室、综合司）共同签发的《关于试行公共资源交易数据统计分析制度的通知》，发改办法规司〔2016〕219号。

交易数据的汇总、传输、存储过程中，应加强数据安全管理工作。"[①]

当前，各地各部门建设的公共资源电子交易平台（以下简称"平台"）有各种模式，包括政府部门自建、委托外包企业设计建设，政府与企业合作建设。2017年1月底，本文对全国32个省级公共资源交易平台的建设信息进行统计，平台主要是由企业提供技术服务，集中分布在少数几家龙头企业。经过我们在全国一些城市调研发现，存在突出问题之一是：电子数据格式尚无全国统一标准。

每一地区行业建设各自平台时，需从数据库建设开始，从数据的标准化开始。数据库建设则需要从非结构化信息处理入手。换句话说，需要把公共资源交易各个环节中的关键和各种重要信息进行数据处理，以便于形成电子化信息存储、管理。由于这些信息是用数字、符号、图像以及不同词汇、不同字段长度表述构成的，称为"非结构化信息"，平台建设者将其转化为可重复、可处理的结构化数据，累积成数据库。目前，由于全国没有统一口径标准，因此，各地平台建设者普遍自创标准。这样，数据和数据库在某一地区某一行业或许是准确的，但汇总到全国统一平台时，就不一定是准确的，或者，根本无法进库。例如，关于项目联系人，有的地方用"项目联系人姓名"表述，有的地方用"项目联系人"；关于企业地址，各地政府和各行业主管部门要求的口径不一，结果有"企业所在地"，有"企业负责人住址"，有"总部（公司）地址"，也有"分部（公司）地址"；关于项目类型，更是由于没有统一分类，结果有按行业分类的，有按性质分类的，等等。在如此繁多表述下，平台建设者只好自由选择。因此进一步形成以下风险：

第一，信息数据不准确、不完整，失去其宏观经济政策和国家发展战略价值。从近期看，信息数据在经济领域中的价值在于对现状的真实反映和预测未来的可靠基础。从长远看，数据和信息是公共领域政策和发展战略的根本依据。而当前公共资源交易数据统计最大的障碍是信息数据不准确。例如，政府无论进行监管还是了解进度数据，资料和准确数据的获得十分困难。各层级公共资源交易情况有借助统一平台进行的，有未经过上级平台分别进行的，有集中采购的也有分散采购的，有按照级别层层上报的，也有试点地区和单位直接报送中央相关部门的，加上数据报送没有统一口径，所以，重复计算、漏算的情况较多。这使得我国目前公共资源交易数据信息在各个政府部门之间不能共享，政府部门间、政府与社会及市场间沟通成本很高。更为严重的是，中央和国家制定或调整公共政策、法规、制度的依据不明，因而难以实现科学化。

第二，数据信息散落民间，公共市场和公共资源交易中的数据库的掌握、传输、

[①] 发改办法规司〔2016〕219号。

存储缺乏实质性的管理，造成安全漏洞。

五、结论

（一）习近平总书记指出，"国家治理体系和治理能力是一个国家的制度和制度执行能力的集中体现，两者相辅相成。"我们必须在理论上跟上时代，不断认识规律，不断推进理论创新、实践创新、制度创新。[①]

（二）对一个国家的安全稳定，是以国家政权、主权、统一和领土完整、人民福祉、经济社会可持续发展和国家其他重大利益相对处于没有危险和不受内外威胁的状态，以及保障持续安全状态的能力[②]为判定的。

（三）公共市场与公共资源交易改革需要政府部门哪些能力呢？第一，直面问题的勇气。公共市场改革遇到的问题许多都是硬任务：制定合同、市场调查、商业利益和风险评估判断、对履约的监督管理等等；第二，对政府人员体制机制的调整；第三，持续学习的能力。包括信息获取和新技术掌握；第四，担当和履职能力、质量、水平。总之，公共市场与公共资源交易改革后，公共市场规模明显扩大了，同时政府的权力变小了，责任变大了。

（四）公共市场直接面对的是经济因素，但服务的是全体社会民众，关联的是诸多非经济因素。与其他领域国家安全的特征相同，公共经济安全是否恶化，取决于政府应对能力与风险酝酿和升级速度之间的博弈。因此，各级政府部门若不能及时有效地加强处置市场各项问题的能力建设，公共市场的安全隐患必将最终酿成风险。

参考文献：

1. 张春：《安全私有化的当代发展及其国际政治意义》，载于《世界经济与政治》，2016年第6期。

2. 曹远征、付晓建：《PPP：政府和社会资本合作的制度经济学分析》，对外经济贸易大学出版社2016年版。

---

① 党的十九大报告，三（十三）。
② 《中华人民共和国国家安全法（2015）》第2条。

Risk and Security Issues in the Reform of Public Market and Public Resource Transaction

LIU Hui   ZHANG Ruijun

Abstract: Under the strategic deployment of deepening economic reform, substantive reforms of public market have been carried out in an all-round way: Stimulating the vitality of the public market by reducing administrative approval, opening monopoly industry and expanding the space for infrastructure construction; Striving to reduce the barriers and costs of trading by Public Resource Transaction Reform; Expanding public investment and financing channels by PPP. This is a reform aims at China's inherent means of public market management, trading procedures and the supply of capital, which is a challenge to the governing ability, management ability and problem-solving ability of government at every level. This paper analyze the relevant policy documents issued by the central government from 2013 to 2017 and finds that the there are great loopholes in the government management of regulation and contract in public market, the authority of the legal management and supervision, the control of the information and data resources, if the government don't find these problems earlier and provide solutions, these may deteriorate into emerging national economic security risks.

Keywords: Public market, public resource transaction, public resource security, public interest allocation of resource

JEL: F8

投标报价低于成本的探究与实践

何红锋　徐亚立[*]

摘　要：《招标投标法》第33条规定投标人不得以低于成本的报价竞标，其立法目的是维护正常的市场秩序，防止恶意低价的不正当竞争行为。但在招标采购实践中，对成本价如何认定以及低于成本报价对合同效力的影响存在较大争议。文章拟对投标报价不得低于成本进行法理分析，并从实证研究的角度出发，探究成本价的判定依据以及低价中标对合同效力的影响，明确评判成本是评标委员会的权利而非义务，并从制度层面提出应对低于成本报价的建议，以期维护公平竞争的市场秩序。

关键词：成本价　投标　个别成本　合同效力

中图分类号：F812.45

一、引言

2017年，云服务市场的价格竞争愈演愈烈，低价竞标政务云的事件层出不穷。2月17日，厦门市信息中心委托厦门市务实采购有限公司，对"厦门务实－公开招标－2017WS034厦门市政务外网云服务"进行公开招标，预算金额为495万元。此次竞标中共有五家企业参与投标报价，分别是腾讯云计算（北京）有限责任公司（投标报价0.01元）、中国移动通信集团福建分公司（投标报价2698248元）、中国电信股份有限公司厦门分公司（投标报价1700000元）、联通云数据有限公司（投标报价3093350元）以及厦门纵横集团通信发展有限公司（投标报价2900000元）。3月17日，中国政府采购网发布的中标公告显示，腾讯云计算（北京）有限责任公司（以下简称腾讯云）中标。同日，中国政府采购网发布的"上海市政府采购中心第2017－10075号信息——上海市电子政务云服务中标公告"显示，该预算金额为1200万元的项目由上海移动＋云赛智联、中国电信同时中标，总中标金额甚至出现了0

---

[*] 何红锋：南开大学法学院教授、博士生导师；徐亚立：南开大学法学院研究生，天津市海河教育园区同砚路38号。

元。随后,辽阳政府采购网登出的"辽阳市信息中心公共信息资源共享平台硬件建设项目中标公告"显示,中国电信集团辽宁省辽阳市电信分公司、中国电信系统集成有限公司辽宁分公司组成的联合体成为成交供应商,中标金额为 0.01 元。

事实上,0 元报价或者 1 元报价在政府采购项目中屡见不鲜。根据中国政府采购网 2017 年 8 月 2 日发布的中标结果公告,武汉天喻信息产业股份有限公司、科大讯飞股份有限公司、浙江万朋教育科技股份有限公司分别以 0 元中标重庆市教育委员会的基础教育资源公共服务平台采购项目。低价中标本身是招投标制度所体现出来的优势,却不断被演变成一种"饿死同行、累死自己、坑死业主"的恶劣现象。依据《招标投标法》第 33 条规定的"投标人不得以低于成本的报价竞标",针对诸如此类投标人以明显低于成本的报价竞标并中标事件,应当如何判定"低于成本",在司法实践中仍然存在较大争议。本文将结合具体案例,对成本价的认定作进一步分析,明确评判成本是评标委员会的权利而非义务,以期从制度层面禁止低于成本的交易活动,维护市场公平竞争秩序。

二、确定交易应当适用买还是卖

市场经济的本质是自由经济,交易主体在自主、自愿的基础上充分竞争、自由交换。诸如"腾讯云 1 分钱中标"事件,在政府采购活动中,政府是交易的一方,腾讯作为交易另一方的市场主体,享有自主定价的权利。交易是市场行为,如果腾讯云以 1 分钱投标仍有利可图,能够对其投标报价进行合理说明则是正常的市场行为。从我国公有云市场统计数据来看,阿里云所占市场份额最高,在激烈的云服务市场竞争中,对于腾讯云而言抢占市场是关键。从云计算按需使用和弹性服务的特征来看,腾讯云采取的是先入局,再寄希望于以更多的增值服务模式获取长期合作价值的策略,这也是互联网公司惯用的玩法。① 为了扩大市场占有率,或者为了将来争取到更多的政府云服务采购项目,以低于成本的价格竞标,这也是企业的一种战略考虑。仅从 1 分钱分析,腾讯云的报价显然是低于成本的,但是通过媒体对此次中标事件的报道来看,腾讯云作为云服务市场的后来者,反而借此提高了知名度,节省了项目推广和广告费用等其他成本支出。

低价投标与政府高额采购预算所形成的价格悬殊,或许是腾讯云发现了云服务市场新的盈利点,选择以近乎免费的商业模式参与投标,而政府尚未发现云服务项目中

---

① 刘启诚:《腾讯为何能 1 分钱中标政府云服务项目》,载于《通信世界》,2017 年第 8 期。

隐含的市场价值，从而以高额购买的方式进行招标。当交易一方的政府发现不需要支付费用即可获得相同的服务时，基于公共资源的有价性，其交易主体的地位可能会由"买"转变为"卖"，甚至可以采取收费的方式出让具有市场价值的公共资源。

我们认为，很多交易是会在买与卖之间发生转变的。以奥运会赞助商为例，在奥运会初期，运动员的服装、饮料等是需要运动员自己或者国家来购买，这个时候是"买"。1984年的洛杉矶奥运会尝试以商业模式来运作，通过采取与企业订立赞助协议、出售电视广播权等措施，使洛杉矶奥运会成为了"第一次赚钱的奥运会"。[①] 自此，奥运会不仅为运动员提供了施展体育才能的机会，也为企业提供了推广自身品牌的平台。企业深谙体育营销价值，为了借助奥运会提高品牌知名度，经常一掷千金争夺赞助权，这个时候就变成了"卖"。再以公共自行车为例，公共自行车租赁项目采取"政府主导、企业运作"的运营模式，主要由政府负责招标采购自行车及其配套设施。随着分享经济的发展，出现了互联网租赁自行车（俗称"共享单车"）的新型服务模式，政府不仅不需要支付费用，对共享单车占据市内道路、公用场地等公共资源，未来或许还可以向其收取公共资源占用费。因此，在一项政府参与的交易活动中，首先需要确定是买还是卖的问题。如果确定是卖，则政府不仅无需支出费用，还可以收取费用。但如果确定是买，则要适用市场竞争的基本要求，投标人不得以低于成本的报价竞标。

随着云服务市场领域的不断拓展，政府采购政务云服务的现有模式或许会发生转变。如果经过市场调研发现，政务云服务不需要交易一方的政府进行采购了，市场愿意无偿甚至以付费的方式向政府提供，则政府无需进行采购，向政府提供政务云服务可以作为资源出让，此时政府的交易地位即为"卖"。相反，如果经过市场调研发现，政务云服务仍然需要政府进行采购，则应当按照"买"的规则进行交易。

三、投标报价不得低于成本的法理分析

（一）从民事交易原则的角度分析低于成本报价行为

我国《民法通则》第4条规定："民事活动应当遵循自愿、公平、等价有偿、诚实信用的原则。"2017年3月15日通过的《民法总则》中也规定了民事主体从事民事活动，应当遵循自愿、公平、诚信原则。招标投标活动作为一种民事交易行为，必

---

① 袁真富：《知识产权与公共领域在反隐性市场上的利益平衡》，载于《法学》，2009年第9期。

须遵守民事活动的基本原则。因此,《招标投标法》第 5 条规定:"招标投标活动应当遵循公开、公平、公正和诚实信用的原则。"《政府采购法》在第 3 条中亦规定:"政府采购应当遵循公开透明原则、公平竞争原则、公正原则和诚实信用原则。"

政府采购的首要作用在于提高经济效益,[①] 实现物有所值的目标,从而节省财政支出,提高财政资金的使用效率。"天价采购"现象曾使政府采购制度饱受社会诟病,认为政府采购"只买贵的,不买对的"。如今,政府采购广受批判和诟病的内容除高价之外,又包括了低价中标现象。从民事活动交易原则的角度分析这一现象。首先,投标人以低于成本的报价中标,事实上并不能真实反映中标价格与招标项目标的在数量、质量、管理水平、技术能力等影响成本因素之间的严格对价关系,即中标价与中标人的实际成本偏离了经济利益的均衡状态,违反了等价有偿的原则。其次,投标人以低于成本的报价竞标,实际上不公正地影响了其他作出实质性响应的投标人的竞争地位,构成恶意低价竞争行为,从而违反了公平、公正的原则。诚实信用是民事活动的一项基本原则,在招标采购活动中当然也适用这一原则。作为衡量市场竞争行为是否正当的一般标准,诚实信用原则是现代市场经济中加强商业道德建设的必要条件,对低于成本报价的限制竞争行为予以规范,以维护公平有效的市场秩序。

(二) 从竞争法的角度分析低于成本价销售行为

《反不正当竞争法》对鼓励和保护公平竞争,保障市场经济的健康发展,发挥了重要作用。自 1993 年施行以来,又制定了《反垄断法》《招标投标法》等法律,国家工商行政管理总局局长张茅在对《反不正当竞争法(修订草案)》作出说明时指出,上述法律存在交叉重叠甚至不一致的内容,因此需要对现行《反不正当竞争法》进行修改,以保持法律规定的协调一致。2017 年 11 月 4 日,《反不正当竞争法》(以下称 2017 修订版)经第十二届全国人民代表大会常务委员会第三十次会议修订通过,并由中华人民共和国主席令第七十七号公布,自 2018 年 1 月 1 日起施行。

从理论上讲,《反不正当竞争法》的根本目的是要建立和维护一种自愿、公平、诚实信用和遵守公认的商业道德的竞争秩序,禁止经营者通过不正当手段获取顾客的"惠顾"(购买力),而不正当地争取了比其他诚实正当的经营者更多的交易机会。[②] 因此,修改前的《反不正当竞争法》第 11 条将降价排挤行为列为不正当竞争行为的类型之一,

---

[①] 何红锋:《政府采购法详解》,知识产权出版社 2002 年版。
[②] 孔祥俊:《反不正当竞争法的司法创新和发展——为〈反不正当竞争法〉施行 20 周年而作》,载于《知识产权》,2013 年第 12 期。

降价排挤行为即经营者为了排挤竞争对手而以低于成本的价格销售商品的行为。① 为了理顺《反不正当竞争法》与相关法律制度的关系，由于上述条文规定的行为已经分别由《反垄断法》《招标投标法》予以规制，因此 2017 修订版删除了该条规定。

《招标投标法》正是基于《反不正当竞争法》的理论基础，在第 33 条中明确作出禁止性规定，即"投标人不得以低于成本的报价竞标"，从而在法律层面赋予投标人这项强制性义务。自由而公平的竞争本身是鼓励市场主体进行成本竞争的，将竞争机制引入公共支出的使用过程中，其首要竞争内容就是价格竞争。正常情况下，投标人往往通过降低价格、提高质量或改善管理制度，增强自身的市场竞争力。能够以较低的成本提供同等质量的商品或服务，意味着该企业的综合竞争实力更胜一筹。但是，在低价中标乱象频发的招标采购实践中，投标人一味追求近乎低廉的价格排挤其他同业竞争者以便获得中标利益，损害了公平竞争的市场机制，所以必须加以遏制。

此外，《反垄断法》将掠夺性定价认定为滥用市场支配地位的表现形式之一，即企业凭借其市场支配地位，以排挤竞争对手，进一步强化自己的市场地位为目的，无正当理由地以低于成本的价格销售产品的行为。② 从行为主体来看，与《招标投标法》规范的一般市场主体不同，《反垄断法》针对的是具有市场支配地位或处于经济优势地位的经营者。这类市场主体一旦实施低于成本价的销售行为，由于其具有控制价格或限制竞争的能力，不仅会使原有的同行业竞争者所占的市场份额锐减，还会对潜在的竞争者进入该市场制造障碍，扰乱充分、有效的市场正常竞争环境。价格低于成本是掠夺性定价的基本特征，③ 其目的是将竞争对手排挤出市场。《反垄断法》出于保护市场公平竞争的目的，必须对这种低于成本价销售行为进行规范。纵观《政府采购法》和《政府采购法实施条例》的规定，虽然其中并没有对供应商的低于成本报价行为作出限制或者排除的明确规定，但是基于上述市场经济的基本要求，政府采购活动应当禁止低于成本的交易行为。

四、投标报价低于成本的判定

（一）报价不低于投标人的个别成本而非社会平均成本

对于成本的判定，我国在相关法律中并未明确成本是社会平均成本还是企业个别

---

① 刘文华：《经济法（第四版）》，中国人民大学出版社 2012 年版。
② 李华武：《竞争法》，武汉大学出版社 2015 年版。
③ 王晓晔：《中华人民共和国反垄断法详解》，知识产权出版社 2008 年版。

成本，也未明确评判成本高低的具体基准是什么。就法律条文而言，缺乏可操作性。根据《价格法》第 21 条的法律释义，生产经营成本可以分为个别成本和社会平均成本，不同的经营者生产同种商品或者提供相同的服务各自的生产经营成本，属于个别成本，个别成本因经营者生产经营条件、管理水平、技术水平等方面的差异而千差万别。社会平均成本则是指一定生产技术条件下生产某种商品或者提供某种服务的平均成本，它是生产同种商品或者提供相同服务的不同经营者的个别成本的加权平均数。经营者作为独立的市场主体，无法评估其他经营者的个别成本并准确地计算社会平均成本，只能依据自身的个别成本进行定价。国家发展计划委员会根据《价格法》制定的《关于制止低价倾销行为的规定》中将成本界定为生产成本、经营成本，生产成本包括制造成本和由管理费用、财务费用、销售费用构成的期间费用；经营成本包括购进商品进货成本和由经营费用、管理费用、财务费用构成的流通费用。该规定第 5 条指出，低于成本是指经营者低于其所经营商品的合理的个别成本，在个别成本无法确认时，由政府价格主管部门按该商品行业平均成本及其下浮幅度认定。但是，该规定中对下浮幅度的认定标准未作明确。

国家发改委等七部委发布的《评标委员会和评标方法暂行规定》也明确了投标报价不得低于的是投标人的个别成本，而非社会平均成本。该规定第 21 条指出："在评标过程中，评标委员会发现投标人的报价明显低于其他投标报价或者在设有标底时明显低于标底，使得其投标报价可能低于其个别成本的，应当要求该投标人作出书面说明并提供相关证明材料。投标人不能合理说明或者不能提供相关证明材料的，由评标委员会认定该投标人以低于成本报价竞标，其投标应作废标处理。"根据这一规定，判定投标报价低于成本的两个条件分别为：一是投标报价明显过低；二是投标人不能合理说明或证明。

最高人民法院在审理南通市通州百盛市政工程有限公司与苏州市吴江东太湖综合开发有限公司建设工程施工合同纠纷一案[①]中指出，《招标投标法》第 33 条所称的"低于成本"，是指低于投标人为完成投标项目所需支出的个别成本。每个投标人的管理水平、技术能力与条件不同，即使完成同样的招标项目，其个别成本也不可能完全相同，个别成本与行业平均成本存在差异，这是市场经济环境下的正常现象。实行招标投标的目的，正是为了通过投标人之间的竞争，特别在投标报价方面的竞争，择优选择中标者。因此，只要投标人的报价不低于自身的个别成本，即使是低于行业平均成本，也是完全可以的。该案中，鉴定机构对工程成本价的鉴定结论，是依据建筑行业主管部门颁布的工程定额标准和价格信息编制的，反映的是整个建筑市场的社会

---

① 最高人民法院（2015）民申字第 884 号。

平均成本，不能等同于再审申请人百盛市政公司的个别成本。由于百盛市政公司未能出具其他证据证明合同约定价格低于其个别成本，因此法院裁定驳回其再审申请。

多处地方法院在审理案件时也采纳了投标报价不低于企业个别成本而非社会平均成本的观点。例如，如皋市凯特港置业有限公司与南通万全建设工程有限公司建设工程施工合同纠纷一案[①]中，法院认为不同的承包人因其技术能力、租赁使用有关机械设备的成本、企业的经营管理成本等条件的不同，在工程的成本上存在差异，建筑企业基于对其自身业务的正常商业判断作出的自己认为合理的报价承包工程，在此情况下施工成本只是承包人自己的成本，不可以按社会平均成本衡量自己的工程实际施工成本。招投标制度本身就是一种择优选择，成本是必然考量的因素之一。如果管理水平高、技术能力强的企业，能够以低于社会平均成本但不低于自身个别成本的报价中标，不仅是对企业创新能力的肯定，也有利于整个市场的长足发展，因此应当被允许并提倡。

（二）对低于成本的判定依据

2017年7月11日，财政部发布87号令《政府采购货物和服务招标投标管理办法》（以下简称87号令），对2004年8月颁布的财政部18号令《政府采购货物和服务招标投标管理办法》（以下简称18号令）进行了修订，自2017年10月1日起施行。关于最低评标价法，87号令第60条规定："评标委员会认为投标人的报价明显低于其他通过符合性审查投标人的报价，有可能影响产品质量或者不能诚信履约的，应当要求其在评标现场合理的时间内提供书面说明，必要时提交相关证明材料；投标人不能证明其报价合理性的，评标委员会应当将其作为无效投标处理。"而此前实施的18号令对此规定如下："采用最低评标价法的，按投标报价由低到高顺序排列。投标报价相同的，按技术指标优劣顺序排列。评标委员会认为，排在前面的中标候选供应商的最低投标价或者某些分项报价明显不合理或者低于成本，有可能影响商品质量和不能诚信履约的，应当要求其在规定的期限内提供书面文件予以解释说明，并提交相关证明材料；否则，评标委员会可以取消该投标人的中标候选资格，按顺序由排在后面的中标候选供应商递补，以此类推。"

通过比较两则法律条文可以看出，87号令对最低评标价法进行了更为详细的规定。首先，判断投标人低于成本报价的参考标准不再局限于成本价，而是将其他投标人的报价作为参照对象。与成本价的随意性和复杂性判定不同，其他通过符合性审查

[①] 江苏省如皋市人民法院（2013）皋民初字第1007号。

投标人的报价更直观地反映了招标项目领域的市场行情，对评标委员会的认定更具有参考价值和可操作性。其次，将"规定的期限"明确界定在"评标现场合理的时间"，使有低价嫌疑的投标人必须对其投标行为做好充分准备，在评标现场及时澄清低价理由，有效避免场外因素的干扰。最后，投标人不能证明其报价合理性的，评标委员会应当将其作为无效投标处理，需要特别指出的是此处用词为"应当"，而不是 18 号令规定的"可以"，相比之下 87 号令以强制性规定的方式遏制恶意低价竞争行为。但是，我们并不赞成此处使用"应当"一词，如此规定实际上是将判断成本高低设定为评标委员会的一项义务，而评标委员会是为招标人或采购人进行服务，显然也不具备这项能力，因此建议将"应当"一词改为"有权"。本文在第六部分中将对评判成本是评标委员会的权利而非义务作详细介绍，在此不予赘述。综上可见 87 号令对低价投标人的行为规范更加严格，为实践操作中投标报价是否低于成本提供了更直接的判定依据。

五、低于成本报价对合同效力的影响

根据《招标投标法》和《招标投标法实施条例》，并结合《最高人民法院关于审理建设工程施工合同纠纷案件适用法律问题的解释》（以下简称《解释》）的相关规定，因招投标行为违法可能导致合同无效的事由主要包括 8 种情形，除《招标投标法》第 33 条规定的低于成本报价对合同效力影响存在争议外，其余 7 种情形主要是《招标投标法》第五章明确规定的 6 种中标无效情形，以及《解释》第 1 条规定建设工程必须进行招标而未招标的，应当根据合同法第 52 条第（五）项的规定，认定建设工程施工合同无效。

（一）低于成本报价对合同效力认定的实证研究

实务中大量的建设工程施工合同都是通过招投标活动签订，建设工程招标中，工程价款纠纷时有发生，主要争议焦点之一往往是对合同效力的认定。在司法实践中，若承包人以低于成本的报价中标，合同签订后又以此为由主张中标无效和合同无效的，法院多以证据不足，难以证明低于成本价而不予支持。例如，在佛山市南海第二建筑工程有限公司与佛山华丰纺织有限公司建设工程施工合同纠纷一案[①]中，最高人

[①] 最高人民法院（2015）民提字第 142 号。

民法院指出："原判决根据定额标准所作鉴定结论为基础据以推定投标价低于成本价,依据不充分。南海二建未能提供证据证明对案涉项目的投标报价低于其企业的个别成本,其以此为由主张《建设工程施工合同》无效,无事实依据。"当然,也有部分法院会据此认定合同无效,例如湖北金垒建筑工程有限公司与湖北省宜昌监狱建设工程施工合同纠纷一案[①]中,二审法院支持一审法院关于双方签订的《建设工程施工合同》无效的认定。法院认为,宜昌监狱设置拦标价即投标价格上限的行为,以及金垒公司在宜昌监狱设置拦标价的情况下,故意以低于成本报价竞标并中标的行为,均违反了招标投标活动应当遵循公开、公平、公正和诚实信用的原则,侵害了其他投标人的合法权益,扰乱了我国建筑施工的正常招投标秩序,根据《招投标法》第33条和第41条的规定,以此确认中标行为及《建设工程施工合同》无效。

上述两个案例中虽然均有造价鉴定报告,且合同价均低于鉴定报告确定的工程成本造价,但法院认定结论却并不一致。通过比较发现,前者案例中除造价鉴定报告外,并无其他证据用以证明低于成本价或影响合同效力的事实或情形;后者案例中除造价鉴定报告外,法院结合预算价、栏标价等作为判断是否低于成本价的参考,最终作出低于成本价的认定。因此,最高人民法院和地方法院分别作出了不同的结论,原因在于单独的造价鉴定报告所依据的是定额标准或者市场信息价格,其反映的是社会平均成本,并不能直接认定投标人的报价低于成本而导致合同无效,还需要辅助其他证据予以证明。

目前,明确持"中标合同约定工程价款低于成本价的合同无效"这一观点的有江苏省高级人民法院,《江苏省高级人民法院关于审理建设工程施工合同纠纷案件若干问题的意见》(2008年12月17日审判委员会第44次会议讨论通过)(以下简称《江苏省意见》)规定,当事人要求确认建设工程施工合同无效的情形包括除《解释》中规定的无效情形外,还增加了"中标合同约定工程价款低于成本价的"以及"法律、行政法规规定的其他情形"。《江苏省高级人民法院建设工程施工合同案件审理指南(2010)》(以下简称《指南》)对《江苏省意见》中规定的建设工程施工合同无效情形进行了详细的说明和解释,但对于"中标合同约定工程价款低于成本价的"没有作出任何解释,对法院应该如何适用也没有进行分析。在江苏的司法判例中,部分当事人援引《指南》的该条规定主张合同无效,以常州百丈建筑工程有限公司与江苏盛大新材料有限公司建设工程施工合同纠纷案[②]为例,百丈公司认为双方约定的合同价和审计价均低于建设工程成本价,主张应当认定合同无效。虽然法院通过审理以证据不足未予采信,但是从立法的理论角度来讲,法律、行政法规对"中标合同

---

① 湖北省高级人民法院(2016)鄂民终字第173号。
② 江苏省常州市中级人民法院(2016)苏04民终第1698号。

约定工程价款低于成本价的"合同效力尚未作出规定，江苏省高级人民法院直接通过《江苏省意见》和《指南》规定这一情形合同无效，有突破其权限对适用法律进行指导的嫌疑，因此对这一观点是值得商榷的。

（二）从合同法角度分析低于成本报价的合同效力

《合同法》第 52 条对合同无效的情形作了列举式说明，其中第（五）项规定了违反法律、行政法规的强制性规定的合同无效。强制性规定区分为管理性规定和效力性规定，只有后者才影响合同的效力。最高人民法院关于适用《中华人民共和国合同法》若干问题的解释（二）第 14 条对《合同法》第 52 条第（五）项规定的"强制性规定"作进一步的明确，是指效力性强制性规定。目前，对于《招标投标法》第 33 条规定的"投标人不得以低于成本的报价竞标"是否属于效力性强制性规定仍然存在争议。

如果认为该规定是效力性强制性规定，则当事人可据此主张合同无效。在前文南通市通州百盛市政工程有限公司与苏州市吴江东太湖综合开发有限公司建设工程施工合同纠纷案件一审审理中，苏州市中级人民法院指出："《招标投标法》第 33 条并非出于对招投标双方缔约自由意思本身之强行约束，而是基于《建筑法》以建筑产品质量安全这一社会公共利益考量作出的规制。"[①] 佛山市南海第二建筑工程有限公司与佛山华丰纺织有限公司建设工程施工合同纠纷案中，最高人民法院亦阐述了："法律禁止投标人以低于成本的报价竞标，主要目的是为了规范招标投标活动，避免不正当竞争，保证项目质量，维护社会公共利益，如果确实存在低于成本价投标的，应当依法确认中标无效，并相应认定建设工程施工合同无效。"可见，最高人民法院在这一案件中持效力性强制性规定的观点。

如果认为该规定仅仅是管理性规定，则当事人低于成本竞标不影响合同效力。该观点认为，《招标投标法》第 33 条规定投标人不得低于成本的报价竞标，其立法目的是维护公平竞争的市场秩序，是对投标人的行为予以规范而非对合同效力的评判[②]，并不直接涉及对国家利益和社会公共利益的损害，属于市场管理性规范。《招标投标法》规定了中标无效的 6 种法定情形，其中第 54 条规定："投标人以他人名义投标或者以其他方式弄虚作假，骗取中标的，中标无效。"该条文表述中的"骗取中标"并不当然包含第 33 条中"投标人不得以低于成本的报价竞标"的情形。投标人明知其低于成本报价的行为，在签订中标合同时并不存在表示瑕疵意识，应当对其行

[①] 江苏省苏州市中级人民法院（2011）苏中民初字第 0032 号。
[②] 周婷：《"低于成本报价"的合同效力探究》，载于《江苏经济报》，2015 年 3 月 11 日。

为承担相应的法律后果。如果认定合同无效，势必对招标人的合法利益造成影响，与民法的诚实信用原则相悖，因此低于成本报价并不必然导致合同无效。

（三）本文的观点

对于低于成本报价是否导致合同无效的争议，本文的观点倾向认为，投标人在合同签订后又以其投标报价低于成本价为由主张合同无效的，法院不应否定合同效力。

首先，从《招标投标法》的立法目的而言，招投标制度旨在维护公平竞争的市场秩序，提高经济效益，保证项目质量。对低于成本报价的禁止性规定，其立法目的在于规制投标人恶意低价竞标的不正当竞争行为。在工程招标领域，往往是低价投标者在中标合同签订后再以此为由提起无效诉讼，并进行工程造价鉴定，鉴定结论必然大大高于其报价。即使鉴定机构对工程成本价的鉴定结论按照工程定额标准进行编制，由于反映的是整个建筑市场的社会平均成本，其价格也大大高于正常市场竞争价格。如果允许投标人动辄以中标合同价低于其成本价为由而导致合同无效，反倒会使《招标投标法》的规定形同虚设，扰乱正常的市场竞争秩序，显然与立法目的的初衷相违背。

其次，从法理分析而言，法律的评价作用体现在通过法律可以判断他人的行为是否合法。如果允许低价中标者以主张合同无效的方式获利，从民事活动交易原则的角度分析，这种获利行为不仅对其他通过符合性审查且在招标活动中作出实质性响应的投标人构成不正当竞争，而且使招标人的合法权益受到侵害，违反了公平、公正和诚实信用的原则。司法实践中，法院在处理相关案例时也体现了这一思路，如前文南通市通州百盛市政工程有限公司与苏州市吴江东太湖综合开发有限公司建设工程施工合同纠纷二审[①]审理中，法院认为："百盛市政公司作为专业从事市政工程的单位，应能够依据招标时的工程量清单准确核算工程量，据此判断最高限价是否低于其个别成本而选择是否参加投标，现百盛市政公司在自主投标并中标后，又以工程价款低于成本价为由主张《建筑工程施工合同》无效，有违诚实信用原则，其主张本院不予采信。"同时，从法律的社会功能来看，低价投标人基于合同无效的获利行为反而会形成错误的法律导向，与不能使不法者获利的法律基本精神背道而驰。

低于成本报价是否导致合同无效的实证研究中，以"中标合同约定工程价款低于成本价"为由认定建设工程施工合同无效的案例较为鲜见。[②] 北京、安徽、浙江、福建、四川、重庆等地的高级人民法院有关建设工程案件的审判指导意见中，也没有

---

① 江苏省高级人民法院（2014）苏民终字第00367号。
② 朱树英：《法院审理建设工程案件观点集成》，中国法制出版社2015年版。

明确将"中标合同约定工程价款低于成本价"作为认定建设工程施工合同无效的规定，江苏省高级人民法院对此持肯定态度并非主流观点。需要着重强调的是，即使承包人以投标报价低于成本价为由主张合同无效被法院支持，发包人仍然可以要求参照合同约定的价款进行结算。① 例如，《江苏省意见》第 7 条中规定："经过招投标订立的建设工程施工合同，工程虽经验收合格，但因合同约定的工程价款低于成本价而导致合同无效，发包人要求参照合同约定的价款结算的，人民法院应予支持。"这一规定实际上规制了低价中标人试图谋求不法获利的行为，进而维护招标人的合法利益。

六、禁止低于成本交易的权利主体

（一）同行业竞争者

投标人以低于成本的报价竞标，使得以合理报价竞标的同行业竞争者，即参与竞争的其他供应商的合法权益受到损害。质疑和投诉是供应商的重要权利，作为一种内部救济机制，质疑不是投诉的必经程序。根据《政府采购法》第六章的规定，其他供应商既可以向采购人或者采购代理机构提出询问或者质疑，还可以向同级政府采购监督管理部门投诉。对政府采购监督管理部门的投诉处理决定不服或者政府采购监督管理部门逾期未作处理的，可以依法申请行政复议或者向人民法院提起行政诉讼。由于低于成本中标实际上不公正地影响了其他作出实质性相应的投标人的竞争地位，因此其他同行业竞争者也可以直接提起民事诉讼，追究其法律责任。

2017 年 6 月 15 日，贵州省机关事业单位工资管理信息系统中标公告显示总中标金额为 0 元，中标供应商为四川久远银海软件股份有限公司（以下简称久远公司）。同行业竞争者东软集团股份有限公司（以下简称东软集团）就此中标结果向采购代理机构贵州山水水电工程顾问有限公司提出质疑，由于对质疑答复不满意，东软集团向贵州省财政厅提起投诉，主张久远公司以明显低于成本价竞标，请求废除久远公司的投标报价，并对投诉事项给出符合相关法律规定的合理解释。

贵州省财政厅对此作出的政府采购投诉处理决定书指出，"有偿取得"是政府采购成立的基础，该中标项目中久远公司投标报价为 0 元，实质上是一种赠与行为，采购人并不支出财政性资金，即为"无偿取得"，违反了《政府采购法》和《政府采购法实施条例》的相关规定，因此认定该项目采购行为违法，责令重新开展采购活动。

---

① 郝利、吕辉木、王威：《因招投标违法导致合同无效的司法判例大数据分析报告》，载于《招标采购管理》，2016 年第 8 期。

贵州省财政厅出具的这份投诉处理决定书对于当前的低价中标乱象具有一定的指导意义，作为禁止低于成本交易权利主体的同行业竞争者，对诸如此类的低价中标行为可以通过质疑、投诉、诉讼等方式予以遏制。

（二）行政监督机构

市场经济鼓励竞争，但是禁止低于成本的交易行为。《政府采购法》第59条和第77条分别规定了政府采购监督管理部门和工商行政管理机关的监督检查职责。对于政府采购项目，如果发现中标人的投标报价低于成本，在合同已经签订后，财政部门可以依据《政府采购供应商投诉处理办法》第19条的规定分别处理。如果合同尚未履行，可以决定撤销合同，责令重新开展采购活动；对于合同已经履行的，决定采购活动违法，给采购人、投诉人造成损失的，由相关责任人承担赔偿责任。

为了在激烈的市场竞争中占得一席之地，投标人往往通过改善和创新自身经营管理模式，不断开发和采用新技术、新工艺等手段，提高管理水平，从而降低企业的个别成本。但是，判定投标人的个别成本并非易事，需要结合企业综合实力、行业平均成本等多种因素考量。相比行政监督部门，同行业竞争者对招标文件中各项内容的市场报价比较熟悉，更加了解市场行情和企业经营情况，对投标人的报价是否低于成本能够提供更详细的证明材料，从而简化行政监督部门判断投标人成本这项繁琐的工作。因此，我们建议监督部门对低于成本的交易行为可以不主动进行干预，交由该行为的受害者即同行业竞争者通过质疑、投诉或者诉讼的方式之后再采取干预手段进行处理。

七、应对低于成本报价的建议

（一）评判成本是评标委员会的权利而非义务

不得低于成本报价是法律赋予投标人的一项强制性义务，在招标采购活动中，招标人或采购人的地位类似普通消费者，法律并没有赋予其判断成本高低的义务，招标人或采购人也不具备这项能力。试想我们在购买商品时，如果必须对经营者是否低于成本销售进行认定，一旦认定错误将承担低于成本交易的法律后果，必然构成对消费者的强加义务。

根据招标投标相关法律规定，认定投标报价是否属于"低于成本"的权利在于评标委员会。财政部发布的87号令对18号令中第54条的规定进行了修订，明确指出："投标人不能证明其报价合理性的，评标委员会应当将其作为无效投标处理。"《评标委员会和评标方法暂行规定》第21条中也规定："投标人不能合理说明或者不能提供相关证明材料的，由评标委员会认定该投标人以低于成本报价竞标，应当否决其投标"。需要注意的是，两则条文规定中均使用"应当"一词，实际上是将排除低于成本报价的投标人作为评标委员会的一项义务。评标委员会进行评标活动是在为招标人或采购人工作，既然评判成本并非其义务，我们建议将上述"应当"一词改为"有权"，明确评判成本是评标委员会的权利而非义务。[①]

（二）低于成本报价的制度完善

《招标投标法》中虽然规定了投标人不得低于成本报价，但是对成本价的认定标准以及需要承担的法律后果未作规定。从立法部门的角度分析，建议出台相应的司法解释予以明确，对于低于成本报价是否导致合同无效的争议焦点，为各地法院在处理该类案件的司法实践活动中提供指导性的帮助。

招标投标活动的最终目的是为了签订合同，在市场经济条件下，合同与担保制度是密不可分的。担保制度是合同顺利签订及履行的重要保证，在招标投标活动中，投标人需要提供的担保主要包括投标担保和履约担保。投标行为是一种要约，一旦招标人作出承诺，要约人即受该意思表示约束。虽然《招标投标法》中没有对投标担保作出明确规定，但87号令中规定了投标保证金交纳、退还方式以及不予退还的情形。

2017年4月，住建部印发的《建筑业发展"十三五"规划》指出，"十三五"时期的主要任务之一即深化建筑业体制机制改革，改革承（发）包监管方式的重点在于改革招投标制度。规划中特别指出对采用常规通用技术标准的政府投资工程，在原则上实行最低价中标的同时，推行提供履约担保基础上的最低价中标，制约恶意低价中标行为。对招标人而言，针对投标人的过低报价，需要综合考察投标人的企业实力和履约能力，通过合同管理加强对合同的风险防控。为了防范投标人恶意低价争夺中标利益，可以根据《招标投标法》第46条履约保证金的规定，在签订合同时提高履约保证金的金额，降低中标人因无法履约对项目带来损失的风险。履约能力是契约精神的体现，在建设项目的招标中，履约担保的方式除了提交一定数额的履约保证金，也可以提供第三人的信用担保，一般由银行或者担保公司向招标人出具履约保函，进而保证合同的顺利履行。

[①] 何红锋：《低于成本报价的处理研究》，载于《中国政府采购》，2007年第11期。

在现有的制度框架下,产业结构不合理导致同质化竞争严重,一些招标项目中只注重价格,而忽视了对投标人的产品质量、技术水平以及履约能力的考察。因此,投标人往往将低价竞争作为中标的敲门砖,使得市场竞争不能充分、有效开展。无论对企业提升自身综合实力抑或整个市场的发展而言,低价中标现象都亟待治理和规范。评标委员会一旦发现投标人的报价明显低于其他通过符合性审查投标人的报价,有权认为存在影响产品质量或者不能诚信履约的可能性,此时就需要低价投标人作出合理解释予以澄清。随着市场经济体系的不断成熟和诚信体系的逐渐完善,投标人违反公平和诚实信用原则的竞争行为必将严重制约其自身发展,从企业发展的长远角度来看,投标人必然将在成熟的市场机制驱使下遵守市场经济的基本准则。

参考文献:

1. 何红锋:《政府采购法详解》,知识产权出版社2002年版。
2. 种明钊:《竞争法》,法律出版社2002年版。
3. 刘文华:《经济法(第四版)》,中国人民大学出版社2012年版。
4. 李华武:《竞争法》,武汉大学出版社2015年版。
5. 王晓晔:《中华人民共和国反垄断法详解》,知识产权出版社2008年版。
6. 邵建东:《竞争法教材》,知识产权出版社2005年版。
7. 王晓晔:《经济法研究》,中国法制出版社1999年版。
8. 朱树英:《法院审理建设工程案件观点集成》,中国法制出版社2015年版。
9. 孔祥俊:《反不正当竞争法的司法创新和发展——为〈反不正当竞争法〉施行20周年而作》,载于《知识产权》,2013年第12期。
10. 刘启诚:《腾讯为何能1分钱中标政府云服务项目》,载于《通信世界》,2017年第8期。
11. 袁真富:《知识产权与公共领域在反隐性市场上的利益平衡》,载于《法学》,2009年第9期。
12. 郝利、吕辉木、王威:《因招投标违法导致合同无效的司法判例大数据分析报告》,载于《招标采购管理》,2016年第8期。
13. 何红锋:《低于成本报价的处理研究》,载于《中国政府采购》,2007年第11期。
14. 曹博:《关于低于成本价销售的法律思考》,载于《当代法学》,2002年第1期。
15. 周婷:《"低于成本报价"的合同效力探究》,载于《江苏经济报》,2015年3月11日。

16. 毛林繁：《投标人不得以低于成本报价竞标的法理与实践》，载于《招标与投标》，2014 年第 1 期。

17. 赵勇：《新经济时期对"不得低于成本价投标"的思考》，载于《新理财》，2017 年第 5 期。

Research and Practice of Bidding Quotation below Cost

HE Hongfeng XU Yali

Abstract：Article 33 of Law on Tendering and Bidding stipulates that a bidder may not submit his bid price quotation below cost for competition. The purpose of the legislation is to maintain the normal market order and prevent the unfair competition of malicious and low prices. However, in the practice of bidding procurement, there is a big controversy about how to confirm the cost price and the effect of the cost quotation on the validity of the contract. This paper intends to make a legal analysis of the bid price which is not lower than the cost. From the perspective of empirical research, this paper will combine with some specific cases to explore the judgement basis of cost price and the effect of the cost quotation on the validity of the contract. It's clear that judgement of cost price is the right of the bid evaluation committee rather than its obligation. At last, the paper puts forward some proposals to deal with the bid price quotation below cost in the institutional level, in order to maintain the market order of fair competition.

Keywords：cost price, bidding, individual cost, validity of contract

JEL：F812.45

PPP 项目政府采购中的问题研究[*]

温来成 翟义刚[**]

摘 要：近年来，我国政府和社会资本合作项目（PPP）发展迅速，政府采购作为其一个重要环节，发挥了重要作用。同时，也存在不少问题。本文总结了目前 PPP 项目政府采购中存在的主要问题，在借鉴国际经验的基础上，从尽快解决法律之间的矛盾和冲突问题、明确解决两招合一招的问题、在招投标中消除歧视性条款，鼓励公平竞争、进一步做好 PPP 项目政府采购信息公开工作等方面，提出了相应的政策建议。

关键词：PPP 模式 政府采购 政策建议

在 PPP 项目建设运营全生命周期管理中，政府采购是其重要的环节之一。随着我国 PPP 项目建设运营的迅速发展，其政府采购也出现了不少问题，本文就这些问题，结合我国经济社会发展的实际需要，展开专门论述，寻求解决的具体途径。

一、政府采购在 PPP 项目建设运营中的功能

根据我国现行 PPP 政策指南，PPP 项目完成了物有所值论证、财政承受能力论证后，进入政府采购阶段。在 PPP 项目全生命周期管理中，政府采购具有独特的作用和功能。

（一）选择优秀的合作者

PPP 项目是政府与社会资本合作建设和运营，为社会提供公共服务的，而政府与

---

[*] 本文为国家社会科学基金一般项目《公私合作特许经营项目全生命周期财政风险监管技术研究》（批准号15BZZ058）、中财—鹏元地方财政投融资研究所 2017 年度课题的阶段性成果。

[**] 温来成、翟义刚：中央财经大学中财—鹏元地方财政投融资研究所。

什么样的社会资本合作,是通过政府采购方式实现的。即以政府采购方式,在众多竞争者中,选择优秀的合作者,与政府等公共部门合作,发挥公私双方优势,利益共享、风险共担,共同为社会提供规模更大、效率更高、质量更好的公共服务。私人部门获得合理回报,政府部门履行了公共管理职责,达到双赢的目的。而在这一过程中,政府采购利用其公开、公正和公平的竞争机制,通过招标投标等方法,在众多符合条件的竞争者中,选择资金实力强、技术先进、管理有方、社会信誉好的投资者,与政府合作,开展 PPP 项目的建设运营,为 PPP 项目全生命周期的管理和实现预期的经济目标,奠定了坚实的基础。一些 PPP 项目的失败,就在于在政府采购环节选择了错误的合作者。

(二)确定 PPP 合同的主要条款

PPP 项目的建设运营,政府与社会资本之间的合作,是以合同为纽带的。其中,PPP 项目合同居主体地位。而 PPP 项目合同的主要条款,是通过政府采购方式决定的。世界主要国际组织和国家在选择 PPP 合作方及合同时,都遵循政府采购规则,并把服务和工程特许经营权的授予,视为政府采购公共服务的一种方式,将其纳入政府采购监管。我国《政府采购法》规定了公开招标、邀请招标、竞争性谈判、询价、单一来源五种采购方式,并授权监管部门认定新的采购方式。这些法定采购方式(包括竞争性磋商方式),能够比较好地适用于 PPP 项目采购中公开竞争、选择性竞争和有限竞争的情况,并充分实现"物有所值"的价值目标,使 PPP 项目采购更具可操作性。PPP 项目参与主体众多,周期超长,方式规范,是改变传统的政府公共服务供给模式的重要变革。而 PPP 项目的范围、期限、前提条件、项目融资、项目用地、项目建设、项目运营、维护、股权变更、付费机制、政府承诺等具体合同条款的确定,最终以政府采购的方式实现。特别是竞争性磋商采购和竞争性谈判采购等方法,社会资本方可就合同的某些条款直接与政府方进行协商,最后达成双方都满意的结果。在目前的项目实际操作中,由于财政部的指南更详细、操作性更强,多数项目是参考财政部合同指南的体系和内容来编制合同文本的。

(三)规范 PPP 项目流程

PPP 项目一般都非常复杂,程序上的瑕疵有可能导致整个采购活动的失败,严格实施采购程序,是项目顺利落地的重要保障。程序正确能够保障采购活动过程和结果的公正,从而保证社会监督顺利实施。为规范 PPP 项目的识别、准备、采购、执行、移交等各环节的操作流程，2014年11月29日，财政部印发了《政府和社会资本合作模式操作指南（试行）》（财金〔2014〕113号，以下简称113号文）；2015年12月31日，财政部印发《政府和社会资本合作项目政府采购管理办法》（财库〔2014〕215号，以下简称《PPP项目采购办法》），对政府采购PPP项目的流程进行进一步规范。根据113号文和《PPP项目采购办法》，PPP项目的一般采购流程包括资格预审、采购文件的准备和发布、提交采购响应文件、采购评审、采购结果确认谈判、签署确认谈判备忘录、成交结果及拟定项目合同文本公示、项目合同审核、签署项目合同、项目合同的公告和备案等若干基本环节。在项目采购之前，需要完成项目识别阶段的物有所值论证、财政承受能力论证。在采购的过程中，通过确定合同条款，促进项目建设、运营和移交的规范。因此，通过政府采购活动，促进PPP项目各个环节流程的规范。

（四）提供监督制度保障

政府和社会资本合作是资源配置、国家治理的新模式，政府采购可以为PPP项目的完善提供监督制度保障。作为治理腐败的重要手段，各国都将其纳入严格的监督之下。PPP项目的政府采购，在各个环节，都设置了有效的监督机制。在招标阶段，要求在指定媒体公开招投标信息；在评标和磋商阶段，对评标专家级评标过程，都有严格要求；在公布中标阶段，要求在指定媒体公中标信息。这样，整个招投标过程，都在主管部门的有效监管之下，可以有效防范各种违法违纪行为的发生，保障PPP项目建设运营的顺利进行。目前，我国普遍建立了公共资源系统，已将政府采购纳入其中，这样更有利于发挥对PPP项目采购各个环节的监督。

二、我国PPP项目政府采购现状及问题

除《政府采购法》及《政府采购实施条例》外，财政部专门制定了PPP项目政府采购的政策指南，以适应我国PPP项目建设运营的需要。政府采购在PPP项目发展中发挥了积极作用，同时，也出现了一些问题。

（一）PPP项目政府采购现状

近年来，我国PPP项目发展迅速，不少项目已完成了政府采购环节。据统计，

截至2017年9月末,财政部政府和社会资本合作(PPP)综合信息平台项目库全国入库项目:合计14220个,累计投资额17.8万亿元,覆盖31个省(自治区、直辖市)及新疆兵团和19个行业领域。其中,6778个项目处于准备、采购、执行和移交阶段,均已完成物有所值评价和财政承受能力论证的审核,纳入管理库,投资额10.1万亿元;7442个项目处于识别阶段,尚未完成物有所值评价和财政承受能力论证的审核,是地方政府部门有意愿采用PPP模式的储备项目,纳入储备库,投资额7.7万亿元。处于准备和采购阶段项目共4390个,占64.8%,投资额6.0万亿元;处于执行和移交阶段的项目(已落地项目)2388个(目前移交阶段项目0个),落地率35.2%(即已落地项目数与管理库项目数的比值),投资额4.1万亿元,覆盖除天津、西藏以外的29个省(自治区、直辖市)及新疆兵团和19个领域。已经完成政府采购阶段的PPP项目投资额达4万多亿元。同时,国家发改委也公布了3批示范项目,总规模达6.37万亿元。2017年3月末执行阶段项目投资额28705亿元,比上月末增加4367亿元,增长17.9%;比去年末增加6369亿元,增长28.5%;比去年同期增加23567亿元,增长458.7%。从落地项目投资额地域分布来看,山东(含青岛)、贵州、河北居前三名,分别为3458亿元、2691亿元、2204亿元,合计占落地项目投资额总数的29.1%[①]。因此,我国已完成政府采购,进入建设和运营阶段的PPP项目有较大规模。

(二)PPP项目政府采购管理中出现的问题

现行PPP政府采购法律与政策,在适应和促进PPP项目建设运营的同时,也出现一些亟需解决的问题:

1. PPP项目政府采购管理中法律的适应性问题。目前PPP项目建设运营由财政部和发改委分头组织。根据财政部的政策指南,PPP项目全部纳入政府采购管理,按照《政府采购法》《政府采购法实施条例》执行,且重点推广采用竞争性磋商采购方式。而目前PPP项目大多数是基础设施建设,属公共工程,应按照《招标投标法》《招标投标法实施条例》执行。国务院法制办《传统基础设施和公共服务领域政府与社会资本合作条例》征求意见稿中规定,PPP项目采用竞争性谈判方式,并未明确PPP项目采购是依据《政府采购法》或者《招标投标法》,这就需要在今后的政府采购管理中进一步得到解决。

2. PPP项目政府采购管理中两招合一招的问题。在社会资本方中标PPP项目

---

① 中商产业研究院数据库:《发改委发布44个重点PPP项目2017年一季度PPP项目大数据分析》,www.askci.com,2017年7月20日。

后，对于项目的建设或者运营是否进行第二次招标，财政部现行政策规定，如中标的社会资本方有从事项目设计、建设、运营的能力，可以不再进行二次招标，且鼓励 PPP 项目社会资本方开展设计、建设、运营的一体化经营。但《招标投标法实施条例》对是否进行二次招标设置一定的条件，即已通过招标方式选定的特许经营项目投资人依法能够自行建设、生产或者提供。根据这一规定，通过竞争性谈判、竞争性磋商等方式中标的社会资本方，即使能够自行建设、生产或者提供的，也不能两招合一招。因此，需要在下一步的 PPP 项目采购法律制度建设中，统一对这一问题的规定。

3. PPP 项目政府采购的歧视问题。有些 PPP 项目采购中，有意采用设置过高的标的条件或门槛，最后只有央企或外地国企中标，而实际上有能力承担项目建设运营的民营企业被排除在外，形成事实上的不公平竞争。目前 PPP 项目采购中国有企业中标的比例在 60% 以上，也在一定程度上说明了这一问题。同时，这种在招标投标中的歧视性行为，也会导致采购竞争不够充分，难以发挥政府采购选择优秀合作的功能，有时导致流标，又重新进行招标，造成不必要的损失。

4. PPP 项目政府采购竞争性磋商方法的完善问题。由于 PPP 项目的复杂性，采用公开招标投标方式采购，有时难以满足项目需要，而采用竞争性磋商方法，采购人参加的磋商小组可以和投标人就磋商文件的有关条款进行磋商。在磋商过程中，磋商小组可以根据磋商文件和磋商情况实质性变动采购需求中的技术、服务要求以及合同草案条款，以符合采购人和投标人的实际情况，使项目合同更具有可操作性，有利于项目的建设和经营的顺利进行。同时，和公开招投标方式相比，这种方法的透明度低、竞争程度弱，容易产生互相勾结、行贿受贿等违法违纪行为，需要在管理制度上对可以的磋商的条款作出明确的规定，其他合同内容则是不可磋商、谈判的条款。并未对整合磋商过程进行有效监控，严格预防各类违法违纪行为的发生。

5. PPP 项目政府采购过程中的信息公开问题。PPP 项目属于公共服务项目，涉及广大居民的切身利益，特别是使用者服务项目，因而应接受社会的广泛监督，这就需要公开 PPP 项目建设运营的相关信息。从目前的财政部、发改委的 PPP 示范项目公布的信息来看，较为有限。特别是目前中标的 PPP 项目都没有公开项目合同，社会公众对项目的相关情况知之甚少，难以开展有效监督。另外，有关政策中规定，如项目涉及国家秘密和商业秘密的，可不公开信息，但目前对 PPP 项目中涉及国家秘密和商业秘密没有做界定，反而成为有的公司规避信息公开的借口。从目前的 PPP 示范项目看，基本都是民用项目，一般不涉及国家安全的秘密事项。

三、国外 PPP 项目政府采购实践经验与借鉴

从 20 世纪七八十年代新公共管理运动以来，PPP 模式在国际上得到较快发展，有关国家 PPP 政府采购的理论与实践，可为我国 PPP 项目政策采购管理提供有价值的借鉴。

（一）英国的 PPP 项目政府采购

英国是全球范围内最早实施 PPP 的国家之一。但其在 PPP 项目方面并未进行专门的立法，而是将其作为政府采购的组成部分，直接纳入政府采购体系。一方面，将 PPP 项目纳入原有较为完善的政府采购体系，省去了新法律从实施到完善的步骤，避免了不必要的适应成本；另一方面，通过在政府采购法中加入只适用于 PPP 等特别复杂合同的竞争性对话及竞争性谈判制度，提升了主管部门审核具体项目的能力，确保了 PPP 项目采购过程中的竞争性与灵活性相结合，从而能够甄选出最优的社会资本合作伙伴。

首先，英国政府在 PPP 法律中引入动态甄选制度，对 PPP 项目目标和标准做出明确规定，通过竞争机制的引入，指导采购机构在选择私人部门过程中实现甄选的公平、公正和公开，并且在甄选过程中设置了一定的空间，确保整个采购过程的灵活性，这样能够最大程度上调动私人部门的主观能动性，为其提出创新性解决法案提供前提。

其次，英国政府将招投标制度分为四类，即公开招标程序、限制性招标程序、竞争性谈判程序和商谈程序。对于限额以上较为复杂合同的采购，将适用竞争性谈判制度，英国政府在《公共合同法》中规定了竞争性谈判制度的具体程序，包括谈判前、谈判阶段和谈判结束后三个阶段。

最后，英国政府采购实行暂留期制度，即在中标人同政府签订正式合同之前，采购人必须预留出一定期限，由采购人对中标人的中标理由进行说明，并对未中标人提出的质疑进行解答与说明。同时，在此期间政府部门还应公布暂留期的具体起止时间和事项、该项采购合同的标准等内容。这种政府采购行为的公开性能够有效保证采购结果的有效性与公平性，也体现了政府的民主性[①]。

---

① 裘丽：《英国 PPP 模式管制实践中的制度贡献》，载于《新视野》，2017 年第 5 期。

（二）美国的 PPP 项目政府采购

美国的 PPP 法律设置较为复杂，分为联邦立法和州立法，并没有全国的统一法律，PPP 项目在实施中主要是通过州立法进行，同时也要符合联邦法律的内容。在项目设置上，美国的 PPP 项目分为"绿地"项目和"棕地"项目两种类型。绿地项目主要为新建基础设施建设，这方面的投资不需要政府同私人部门之间进行所有权交付，较容易得到政府部门的支持；而棕地项目是对现有基础设施进行修缮、翻新和运营，这一过程需要政府部门将基础设施的使用权交由私人部门，这就会造成公众对这一行为的普遍反对，因此项目投资的阻力也较大[①]。

（三）欧盟的 PPP 项目政府采购

相比之下，欧盟的合同授予模式较为完善，其将合同授予模式分为公开程序、限制性程序、竞争性谈判、竞争性对话和创新合作伙伴模式。其中，公开程序准入门槛较低，以公告的方式发布招标信息，允许任何私人企业参与竞标，是一种最为传统的招投标方式，也是最公平的招投标方式。当然，公开程序意味着众多的企业参与招投标，效率不会很高。限制性程序在准入上进行了限制，招标公告依然会向所有企业公布，私人企业向公共部门提出邀请需求，但只有被邀请的私人企业才能够参与竞标。竞争性谈判的门槛进一步提高，公共部门不将招标公告公示，而是直接邀请达到采购标的质量、技术与资金要求的私人企业中的三家进行谈判，这也是欧盟 2014 年引入公共采购指令的新兴的一种程序。新公共采购指令，替代了原有的公共部门指令（2004/18/EC）与公用事业部门指令（2004/17/EC）。竞争性对话与竞争性谈判类似，公共部门会在招标通知中明确其对项目的要求，同时也会将授予合同的条件和时间列入相关文件中，被邀请的投标企业自身的各项指标同样需要满足谈判标准，被邀请的投标人数限定在 3 人。如果竞标者的项目最具性价比，也有可能得到合同的授予（引自 2014《欧盟公共采购指令》）。这种对话模式会随着时间的推移逐渐筛选出竞标者，同时也是一个提出问题与解决问题的过程，在这一过程结束后，投标者进行投标，公共部门根据谈话过程与文件确定的授予合同标准来评定投标。竞争性对话主要针对如 PPP 项目这类非常复杂的合同授予。创新合作伙伴模式也是 2014 年欧盟新指令的，这种模式注重企业的创新能力，任何符合条件的企业都可以要求得到招标邀

---

① ［英］达霖·格里姆赛和［澳］莫文·K·刘易斯合著：《公私合作伙伴关系：基础设施供给和项目融资的全球革命》，中国人民大学出版社 2008 年版。

请。在公共购买文件中，缔约机构应当注明对于创新产品，服务和工程的需要，而这些需要不能在现有的市场上得到满足。只有在现有的市场中没有缔约机构需要的产品、服务的时候，才可以使用创新伙伴模式①。

四、完善我国 PPP 项目政府采购管理的政策建议

针对 PPP 项目政府采购存在的上述问题，根据我国 PPP 模式推广和发展的需要，借鉴其他国家的经验，在今后一个时期，完善我国 PPP 项目政府采购管理政策的重点有如下。

1. 尽快解决法律之间的矛盾和冲突问题。即解决 PPP 项目采购在《政府采购法》和《招标投标法》之间的冲突。在两法合一短期内难以实现的情况下，以《政府与社会资本合作合作条例》的形式，对 PPP 项目采购做出规范。由于 PPP 项目之间的差别较大，对于那些市场、技术已相对成熟，管理规范的 PPP 项目，如污水处理、高速公路等项目，优选采用公开招标投标采购方式。我国招投标制度已实施多年，管理制度较为完善，目前有公共资源交易系统为依托。公开招标投标采购方式能够最大限度发挥市场竞争机制，在众多的社会资本中选择优秀的合作者，也为愿意参加公共服务生产和供给的社会资本提供一个公平、公开和公正的竞争机会。利用市场机制，最大限度地预防、限制采购过程中的违法违纪行为，以及其他腐败行为。对于技术较为复杂、项目要求特殊的 PPP 项目，采用竞争性磋商、竞争性谈判等方式采购，即遵守政府采购的一般准则，又能够满足项目建设运营的特殊情况。

同时，对采用竞争性磋商、竞争性谈判等方式的具体要求，作出明确的规定。除采用竞争性磋商、竞争性谈判的前提条件外，重点对采用竞争性磋商、竞争性谈判的主要内容作出明确规定，主要包括：（1）公共服务的主要技术指标；（2）公共服务质量要求；（3）公共服务的过程管理；（4）公共服务价格等。

2. 明确解决两招合一招的问题。为了节约社会资本支出，通过 PPP 条例规定，凡是中标的社会资本方，如有从事勘察、设计和建设资质的，可以不进行二次招标。也就是说，不再局限于《招标投标法》规定的，即只有通过招标投标方式确定的中标人，如有能力从事勘察、设计和建设，可以不进行二次招标。对竞争性磋商等采购方式确定的社会资本方，如有从事勘察、设计和建设资质的，可以不进行二次招标，鼓励社会资本方勘察、设计、建设和运营一体化开展 PPP 项目，节约社会资本方的

---

① 惠梦：《欧盟公共采购的战略性作用》，载于《中国政府采购报》，2016 年 9 月 30 日。

招投标费用支出。对于中标人没有能力从事勘察、设计和建设的，仍要坚持通过招投标，选择优秀的机构开展 PPP 项目勘察、设计和建设，确保工程质量，保障社会的公共利益。近年来，有不少金融机构中标 PPP 项目的情况，需要引起关注。

3. 在招投标中消除歧视性条款，鼓励公平竞争。在招标条件的设置中，其条款能够满足项目建设需要即可，不能设置过高的条件，把可以参加招投标的民营企业排除在外，甚至给某些企业量身制作，有意让某些特定的央企或国企中标，形成不公平竞争。在 PPP 项目政府采购管理中。首先，主管部门要加强招标信息发布的审查。发现招标公告存在明显歧视、排他条款的，立即责任其改正。多次出现这种情况的给予招标人或招标代理人处罚。其次，做好投诉案件的处理工作。接到有关存在歧视条款或争议条款的投诉后，立即立案调查和处理。如证实确实存在歧视性条款和行为的，对招投标结果予以废标处理，并对当时人进行相应的处罚。如双方当时对行政主管部门投诉处理不服，可依法申请行政复议或向人民法院提起诉讼。

4. 进一步做好 PPP 项目政府采购信息公开工作。根据我国 PPP 项目建设运营的发展，逐步推进 PPP 项目政府采购信息公开工作。首先，对 PPP 项目政府采购信息公开中涉及的"国家秘密"和"商业秘密"进行明确界定，凡不涉及的就要公开，防止借"国家秘密"和"商业秘密"之名，逃避信息公开。目前，我国开展的 PPP 项目主要是民用项目，一般不涉及"国家秘密"和"商业秘密"；其次，在现有信息公开的基础上，将 PPP 项目合同的主要条款向社会公布，包括项目公司股权结构、合作期限、合作方式（BOT）项目范围、中标价格、社会资本合理回报模式、公共服务质量考核指标等，有利于社会公众和其他主体监督，维护社会公共利益；最后，在公开 PPP 项目合同主要条款的基础上，条件成熟时，公布 PPP 项目合同，全面接受社会监督。

参考文献：

1. 贾康、孙洁：《公私伙伴关系（PPP）的概念、起源、特征与功能》，载于《财政研究》，2009 年第 10 期。

2. 赵谦：《美国政府采购制度的启示与思考》，载于《财政研究》，2011 年第 3 期。

3. 樊千、邱晖：《PPP 本质、产生动因及演化发展动力机制》，载于《商业研究》，2015 年第 6 期。

4. 赖丹馨、费方域：《公私合作制（PPP）的效率：一个综述》，载于《经济学家》，2010 年第 7 期。

5. 王守清、刘云：《公私合营（PPP）和特许经营等相关概念》，载于《环境界》，2014 年第 25 期。

6. 蒋修宝:《PPP 模式下的政府采购》,载于《中国政府采购》,2015 年第 10 期。

7. 周正祥、张秀芳、张平:《新常态下 PPP 模式应用存在的问题及对策》,载于《中国软科学》,2015 年第 9 期。

8. 孙洁、苏京春:《将 PPP 项目纳入政府采购管理的重要意义》,载于《中国财政》,2016 年第 3 期。

Research on Problems in Government Procurement of PPP Project

WEN Laicheng ZHAI Yigang

Abstract: In recent years, China's Public – Private – Partnership (PPP) has developed rapidly, and government procurement has played an important role as an important link. At the same time, there are many problems. This paper summarizes the current PPP project of the main problems existing in the government procurement. On the basis of drawing on the international experience, we should put forward the corresponding policy suggestions of resolving the contradiction and conflict between the law as soon as possible, solving the problem of the combination of two bids, and eliminating the discriminatory provisions in the bidding in order to encourage fair competition and further improve the public procurement information of PPP projects.

Keywords: The PPP model, Government procurement, Policy Suggestions

基于财政风险视角的 PPP 模式采购制度优化[*]

唐祥来 杨 波 李 琳[**]

摘 要：公共服务自身的内在特性和缺乏长期预算框架是 PPP 模式财政风险的主要来源。在现行采购制度下，以定性评价为主、定量评价为辅的物有所值评价体系难以识别财政风险，财政承受能力论证失真，风险配置的不合理和回报机制选择失当，低价竞标的恶性竞争和竞争性磋商的竞争不充分，都令 PPP 项目财政风险顿生。建议分阶段完善 PPP 模式采购制度。在识别阶段，优化物有所值评价体系和强化财政承受能力论证，将风险恰当转移给社会资本方；在准备阶段，完善风险分担机制，合理分配项目风险；在采购阶段，加强 PPP 项目预算，提高政府支付责任透明度。同时，采取相关激励措施提高民营资本的 PPP 参与率，有效降低系统性财政风险。

关键词：PPP 模式 采购制度 财政风险

中图分类号：F812.2

一、引言

自 1992 年英国保守派大臣罗曼·莱蒙特创立 PPP 典型模式——PFI（private finance initiative）以来，PPP 模式在世界范围内得到了广泛发展[①]，并成为社会治理的重要工具之一。新兴市场和发展中经济体（EMDEs），在 2011~2015 年间，年均 PPI 投资达到 1214 亿美元，广泛涉及基础设施、水业、能源、教育、医疗、养老、社区服务等多个领域，并得到了社会的积极回应。十八届三中全会确立市场在资源配置中起决定作用，开启了政府职能转变的新里程。而《关于推广运用政府和社会资本合

---

* 基金项目：国家社科基金"政府购买公共服务的公私伙伴关系（PPP）模式研究"（14BJY162）。
** 唐祥来：南京财经大学财政与税务学院教授；杨波：南京财经大学财政与税务学院研究生；李琳：南京财经大学财政与税务学院研究生。
① 各国以及国际组织根据自身的情况以及对 PPP 的理解，发展了多种 PPP 模式。如英国的 PFI（Private Finance Initiative），澳大利亚的 PFP（Privately Financed Projects），世界银行的 PPI（The Private Participation in Infrastructure）等等。

作模式有关问题的通知》（财金〔2014〕76号），预示着我国在公共服务领域引入社会资本的公共管理改革已全面展开。

截止2017年5月末，PPP综合信息平台项目库中共有国家示范项目701个，总投资约1.7万亿元。PPP模式的迅速发展，是政府市场关系认识的深化，是政府职能转变使然，也与我国新常态经济发展阶段相契合。在面临较大的经济下行压力、新型城镇化建设资金需求大、老龄化严重等问题突出、地方政府债务整体可控但风险显现的境况下，PPP模式能有效缓解政府财政支出压力，并寄希于化解地方财政风险。然而，作为供给侧结构性改革的重要抓手——PPP投资，能否成为促进中国经济增长的新引擎，还有待时间的检验。以及运用PPP模式化解地方政府债务的初衷能否如愿？换言之，PPP模式是否会带来财政风险甚至增加政府债务？如何看待并度量PPP模式的财政风险？哪些因素影响PPP模式的财政风险？现行的采购制度与PPP模式的财政风险之间存在什么样的关联？等等。本文重点聚焦PPP模式采购制度的财政风险，通过揭示PPP模式的风险暴露事实，以优化PPP模式的采购制度抑制并化解PPP模式的财政风险，为PPP模式的健康持续发展出一点力。

二、PPP模式与财政风险

从政府角度来看，PPP模式具有两个方面的优势：一是利用私人资本建设基础设施，并提供公共服务。这对于面临财政约束的政府尤为重要。二是政府可以从私人部门的专业技术和创新性管理中获益，因私人部门能够以更优的成本收益方式建设和运营基础设施（Delmon，2011）。更多学者（Hart，2003；Soumaré & Lai，2016；Caperchione et al，2017）认为，PPP模式的最大特点之一，是公共部门将风险转移给私人部门。应该说，PPP模式给政府乃至为全社会带来利益的看法，在理论界和学术界已达成共识。然而，私人资本追求利润的本质不会改变，即使在协调一致的PPP模式治理目标——"提供更多更好公共服务"下也不例外。PPP模式的特色之一是"风险共担，收益共享"。风险的恰当配置是PPP项目成功的关键。相较于传统的公共服务供给模式，政府将设计、融资、运行等风险转移给私人团体，但部分宏观风险和中观风险政府不得不承担。事实上，私人投资人是风险厌恶的，在私人资本承担风险的背后，一定存在利益追求的逻辑。正如欧盟的PPP实践，不仅构建完善的法律框架以保护私人投资者的利益，还大力创新各种融资工具以降低私人投资者的风险（Zaharioaie，2012）。为理解PPP财政风险，先考察财政风险。

（一）财政风险

何谓财政风险？从已有研究看，用汗牛充栋描述并不为过，但财政风险的内涵界定并未统一，研究的视角也各不相同。大多数学者侧重于政府债务角度研究，也有按照传统的收、支、平、管思路，继而形成支出风险（姚金海，2016）、赤字风险（刘蓉、毛锐，2017）、债务风险（祝拥军，2006），等等。作为风险的一种，财政风险同样来源于不确定性。这种不确定性，既来自于政府管理、政策调整，也来自于宏观经济环境以及社会结构的变化（刘尚希，2003）。从宏观管理角度，当财政不能提供足够的财力致使国家机器的正常运转而遭受严重损害的可能性是财政风险，这种宏观层面的财政风险并非财政部门的风险，而是整个国家及政府的风险（隆武华、赵全厚，1997）。从公共服务角度，政府拥有的公共资源不足以履行其应承担的支出责任和义务，以至于经济、社会的稳定与发展受到损害的一种可能性（刘尚希，2003）也是宏观层面的财政风险。从财政收支的适应性角度也能较好地理解财政风险。当财政收入增长的惰性和财政支出增长的刚性以及两者合力所形成的财政困难（孙国相，2001），或者说政府财政政策的实际结果与预期结果之间产生较大程度的偏离（王启友，2008），均可认为发生了财政风险。

如是，财政风险主要有三种表现形式：一是赤字的不可持续。即不可能再用扩大赤字的方法来扩大支出，这主要来自社会压力、政治压力或相关法规约束。如欧盟规定，成员国财政赤字占当年国内生产总值的比重不得超过3%；二是债务的不可持续。也就是不宜通过借债来维持或扩大支出，这主要来自资本市场的约束和社会对政府信誉的质疑。比如，美元汇率的持续下跌，在一定程度上约束美国联邦政府的融资能力；三是财政的不可持续。当赤字、借债难以为继，甚至增税也无法实施时，必然爆发财政危机。

（二）PPP模式财政风险

通常理解，政府部门推行PPP模式以提供公共服务时所面临的财政风险。在PPP项目中，政府因承担直接支付责任和因担保产生的或有债务而构成了PPP模式中的财政风险（Hemming and Richard，2006）。换言之，影响PPP绩效的各种因素对政府部门财务状况产生的潜在不利影响即为PPP模式财政风险（Monteiro，2007）。由于PPP项目投资额大、开发周期长、涉及主体复杂等，因而，项目公司的运营能力、政府信用、监督机制、市场利率、法规制度、财政金融政策等因素，都会影响PPP项目的成功运行。而在我国全面推行 PPP 模式尚处于初步阶段,不合理的风险分担机制、市场风险演变为公共风险的可能性、社会资本方基于逐利而刻意转移风险、政府作为公共部门提供公共产品和服务的弱势地位等因素都有可能导致财政风险事件的发生。因此,PPP 的财政风险防范无疑是决定 PPP 项目能否健康运行的重要一环(温来成,2015)。

那么,PPP 模式财政风险从何而来?作为公共服务供给的有效模式,PPP 模式具有将部分风险转移给私人部门的优势(Yong,2017)。但是,质量不高的 PPP 项目会增加政府的财政负担。在蒙蒂罗(Monteiro,2007)的分析框架里,PPP 模式的财政风险来源主要有两个方面:一是来自公共服务自身的内在特性。公共服务的基本特征要求公共权威保持公共服务的持续供给,必然导致公私伙伴关系固有的不对称性,即公共部门总是试图避免服务的中断,而私人部门便以此强化其讨价还价的地位。这种相对的非对称性依赖于公共服务的类型、政府对公共服务供给的承诺以及政府谈判和使用先发制人战略行动的能力等。二是缺乏长期预算框架。PPP 合约是长期的且为典型的支付框架,它无法与短期预算拨款机制相匹配,更谈不上无风险实施。在现期政府将财政风险转移给下届政府的冲动下,这种前期的零成本投资①必然导致没有成本—收益优势的 PPP 项目纷纷得以实施,继而增加财政风险。具体而言,PPP 模式的财政风险来源于三个层面:宏观层面的政治环境、法律环境、市场环境、自然环境变化而产生的风险,该风险主要由政府承担,可能构成财政风险;中观层面的融资、设计、建设、运营四个阶段的风险识别,包括准备阶段和识别阶段的风险识别,其中,以物有所值评价和财政承受能力论证为核心。尽管这个层面的风险多数由社会资本方承担,但在现行物有所值评价方法的中国可适性,以及财政承受能力论证的规范性、严谨性都有待完善的境况下,隐含着诸多的不确定性风险;微观层面的付费风险(政府付费、可行性缺口补贴)、担保风险,以及地方融资平台公司参与导致的政府债务风险等。尤其是,政府弥补收入缺口、风险分配责任不清晰、政府与运营方的消息不对称、监管不到位、缺乏长期预算等都是 PPP 投资中所蕴含的财政风险(财政部国际司,2014)。如果从风险类型角度,PPP 项目带来财政风险的政府债务有直接债务和或有债务。直接债务有政府投资、土地保障成本。或有债务包括:最低需求保证、全部服务收费保证和项目国有化补偿支付。在估算政府担保和直接投资等模式所形成的政府成本时,主要运用土地保障、最低需求保障、全部服务收费保障和项目国有化补偿支付为主要变量建立债务分析模型,研究政府如何规避或减少财政风险(Takashima et al,2010;Soumaré & Lai,2016;Buso et al,2017)。概言之,多方合作导

---

① PPP 合约风险转移条款通常约定,在基础设施建设结束后政府支付才会发生,也即项目的前期,对政府而言是零成本投资。

致的信息不对称、资本逐利的天然属性与政府保障公共服务公平性之间的矛盾，公私双方在风险分担方面的对立等，都可能给政府带来潜在的财政风险（温来成，2015）。

随之而来的应对和防范 PPP 模式财政风险便成了推动 PPP 模式发展政策的不二选择。理由简明且显见，PPP 模式的财政风险具有较强的破坏性和广泛性，它一头连接着政府，另一头连接着金融系统，如果项目不能正常运行，风险就会传递给地方政府，若地方政府无力承担，风险可能通过银行传递到整个金融系统，影响金融体系的稳定。可见，加强对 PPP 模式的财政风险监管不仅必需而且重要。

然而，我国目前对 PPP 投资的财政风险控制存在诸多难点：一是缺乏有效防范风险的可指导实践的操作指南和细则，现存《政府和社会资本合作项目财政承受能力论证指引》提及财政风险识别和计算，但方式方法还有待完善；二是硬性约束条件和量化的风险控制指标，对潜在的财政支出责任以及各项财政支出责任结构配比等未作出相应的要求，对财政风险暴露约束有限；三是财政风险管理政策未覆盖 PPP 项目的全生命周期的各个阶段。目前的物有所值、财政承受能力论证主要针对的是项目的识别阶段和准备阶段，其他阶段的风险识别和配置完全寄希于再谈判，具有很大的不确定性。为此，蒙帝罗（Monteiro，2007）提出两条应对 PPP 模式财政风险原则：一是设计并完善预算拨款或准拨款机制，强化财政职责和责任制；二是创新 PPP 评估方法，提升绩效并加强可持续性。具体而言，控制风险源，规范合同管理，有利于防范财政风险（温来成，2016）。在合同中，投资比例、风险分担、利益分配、重新谈判等问题都应得以明确约定（李丽红，2012）。通过监管以实现防范 PPP 模式财政风险，国际社会有着丰富的成功经验和制度设计：如世界银行建立 PPP 财政风险评估模型（PFRAM），基于国际会计和统计标准，采用五步决策树的方法系统评估潜在宏观财政影响，其中包括财政赤字、净债务总额和政府或有债务等。同时，识别和评估 PPP 中的财政风险，并讨论合理的缓解措施（World Bank，2016）。葡萄牙采取网关过程（计划、设计和准备招标；投标与谈判）的制度安排以约束财政风险，财政部长得到授权，在 PPP 项目无法满足一定条件时，可以停止或延迟 PPP 项目的实施（Monteiro，2007）。

三、现行 PPP 模式采购制度下的财政风险事实

我国在全面推行 PPP 模式之时已经关注财政风险并作了相应的制度安排。如财金〔2015〕21 号文就已明确，"每一年度地方政府用于全部 PPP 项目的预算支出占一般公共预算支出的比例应当不超过 10%。" 10% 的财政红线一定程度上限制了地方政

府"为了PPP而PPP"的冲动行为,是一种总量控制政府支出的预算安排,它有效抑制了政府的显性债务扩展。但PPP模式是长期合约,且提供服务类型的多样性和复杂性,加之政府购买公共服务的绩效难以准确评价,致使PPP实践中因政府承诺而形成的隐形债务和政府担保产生的或有债务,不仅难以辨识并对地方财政的可持续性造成威胁。本文根据PPP模式投资特点,选择项目的准备、识别和采购等三个阶段,来揭示现行PPP模式采购制度下的财政风险事实。

(一) 项目识别阶段

项目识别阶段的核心内容是物有所值评价和财政承受能力论证,这两项工作从实践操作层面都有防范财政风险的制度安排。

物有所值(Value for Money,VFM)评价是判断是否采用PPP模式代替政府传统投资运营方式提供公共服务项目的一种评价方法。其目的在于识别和筛选适合使用PPP模式的项目,也即将使用PPP模式相较于传统公共服务供给模式带来更大财政风险的项目排除在外,是一种从本源上防范财政风险的决策工具。

我国现行物有所值评价机制由定性评价、定量评价两个部分构成。定性评价的依据是(初步)实施方案、项目产出说明、风险识别和分配情况、存量公共资产的历史资料、新建或改扩建项目的(预)可行性研究报告、设计文件等。定性评价采用专家打分法,主要从全生命周期整合程度、风险识别与分配、绩效导向与鼓励创新、潜在竞争程度、政府机构能力、可融资性等六项基本指标进行评价。它是我国现阶段物有所值评价的主要部分,直接决定着项目的命运。因此,必须配置审慎的制度安排。但定性评价多建立在构想、预测等非现实指标,尤其是那些缺乏参照的项目,其"风险识别与分配""绩效导向与创新"等指标的可行性判断,完全依赖于专家的智慧。专家评分的定性评价方法难免受到专家的主观倾向、政治因素及寻租行为等影响,难以实现科学性、客观性。定量评价是作为项目全生命周期内风险分配、成本测算和数据收集的重要手段,是项目决策和绩效评价的参考依据。但是目前由于计量模型不成熟、数据缺失等原因,很难比较PPP项目全生命周期内政府方净成本的现值(PPP值)与公共部门比较值(PSC值)。换言之,判断PPP模式能否降低项目全生命周期成本缺乏实证依据。实务操作中,将定量评价作为参考也就顺理成章了。可见,这种物有所值评价工具很难达到防范财政风险的作用。

财政承受能力论证的目的在于,通过识别、测算各项财政支出责任,评估项目实施对当前和今后年度财政收支平衡状况的影响,评估PPP项目的财政责任支出预算对财政的承受能力,规范PPP项目的各项财政支出管理,有序推进项目的投资管理,防范和控制财政风险。

为防范财政风险，财政部已明确划出10%的财政红线，这符合国际惯例。但10%的国际惯例适用于严格的公私伙伴关系和公共预算。国际社会的公私伙伴关系（PPP）中的私方为私人资本。而我国私方——社会资本的界定范围过于宽泛，不仅包括国有资本，还涵盖准财政——地方政府平台公司，并事实上形成"四位一体PPP化"① 公共服务供给格局，大大拓宽财政支出范围，加大财政风险。同时，我国"一般公共预算"的统计口径也令10%的指标计算具有一定的不确定性。我国政府预算由一般公共预算、政府性基金预算、国有资本经营预算和社会保险基金预算组成。国有资本经营预算和社会保险基金预算有特定内涵和支出约束，与PPP项目预算支出联系不大。但政府性基金预算对PPP项目财政支出比例产生显著影响。如果将PPP项目的财政支出列入政府性基金预算，或者随着我国预算制度的改革，逐渐将政府性基金预算纳入一般公共预算，则这全部PPP项目的预算支出不超过一般公共预算支出的10%的控制红线的警戒作用大大削弱。

（二）项目准备阶段

PPP项目准备阶段包括组建管理架构、编制实施方案和审核实施方案等三个方面的内容。在这个阶段，财政风险集中体现在编制实施方案上。编制实施方案包括合作范围及期限、运作方式、风险分配框架、交易结构、合同体系、监管架构以及采购方式等约定。其中，风险分配框架、交易结构设计以及合同体系约定是财政风险易于暴露的三个环节。

首先，PPP风险配置的不合理是引发财政风险的重要原因之一。合理的风险分担机制是PPP模式特点之一，也是公共部门与社会资本方长期合作的基础。我国PPP模式风险分担机制不完善主要体现在：一是契约精神未得到有效贯彻。PPP模式的本质就是长期合约，政府和社会资本方必须严格按照"合同条款"来承担各自的责任并履行相应的义务，"行政权力"在这里处于一种失效状态。但在实践中，契约精神往往难以得到有效的贯彻执行。一方面，因PPP项目周期长，影响PPP模式风险因素众多且不确定性大，合约中难以准确配置所有风险，而再谈判也因政府和社会资本方的动机变化而履约困难；另一方面，政府任期（3~5年）与

---

① 从供给主体角度，将公共产品与服务供给划分为四种模式：公共供给模式、市场供给模式、第三部门供给模式和PPP供给模式（公私合作）。每一种模式都是社会治理所必需且与服务类型及其公共性相适应。现行的社会资本界定，激励地方政府将传统的公共供给、市场供给和第三部门供给纳入PPP模式之中，形成公共服务供给的PPP化倾向。

PPP项目特许经营期（10~30年）的不一致，政府换届加之相关政策法规的变化，契约精神的持续贯彻受到威胁。二是产权划分不够清晰。尽管相关法规已经明确风险分担原则，但产权划分不明晰，致风险分担原则的实施缺乏现实依据和制度保障。现行PPP模式下产权不清晰主要表现在两个极端：其一，变相传统的公共产权模式。PPP项目的核心部分是项目公司（SPV），它是社会资本方以独立法人的身份与公共部门合作，社会资本方控股，政府部门通常以现有资产或有限资金参与，承担有限责任。而有些PPP项目中，政府融资并占有较大的股份，使政府承担了融资风险、技术风险、施工风险和管理风险。其二，私有化模式。在合约期内，PPP项目资产所有权归属毫无例外地按照资本决定所有权的逻辑界定给社会资本方。在私有化的惯性思维下，政府的有效参与和监督缺位，致使合约期结束时PPP资产严重贬值而出现财政风险。

其次，交易结构中的回报机制的选择也在一定程度上影响财政风险。社会资本方取得投资收益与政府承担的支出责任紧密联系。现行的回报机制主要包括政府付费、可行性缺口补助和使用者付费等三种形式。非经营性项目一般采用"政府付费"模式，显然，这种模式政府面临的是直接财政风险。严格控制这类项目的增长，是当前控制PPP财政风险抓手之一[①]。对于准经营性项目，通常使用"可行性缺口补助"和"使用者付费"相结合的方式，当"使用者付费"不足以覆盖投资成本时，需要政府给予补贴。可行性缺口补助给财政支出带来压力；对于经营性项目，其经营收益基本可以弥补其投资成本，但在有些PPP项目中，政府提供最低需求量、固定收益等承诺或担保，可能带来一定的财政风险。

（三）项目采购阶段

项目采购阶段有两个主要任务：一是选择采购方式；二是选择社会资本方。

1. 采购方式的选择。

根据《政府和社会资本合作项目政府采购管理办法》，PPP项目采购方式包括单一来源采购、公开招标、竞争性磋商、竞争性谈判和邀请招标等五种。从财政部三批示范项目整体来看，公开招标和竞争性磋商是目前实际操作中使用较多的采购方式，分别占57.61%和36.49%。

---

① 2017年10月11日，浙江省发展改革委发布传统基金设施领域2017年PPP项目示范，明确要求：重点推动实施以使用者付费为主的特许经营项目，科学论证涉及政府补贴的项目，审慎开展完全依赖财政支出的政府付费项目，降低PPP项目对政府付费的依赖。江苏省对于无现金流、完全政府付费的PPP项目从严控制。

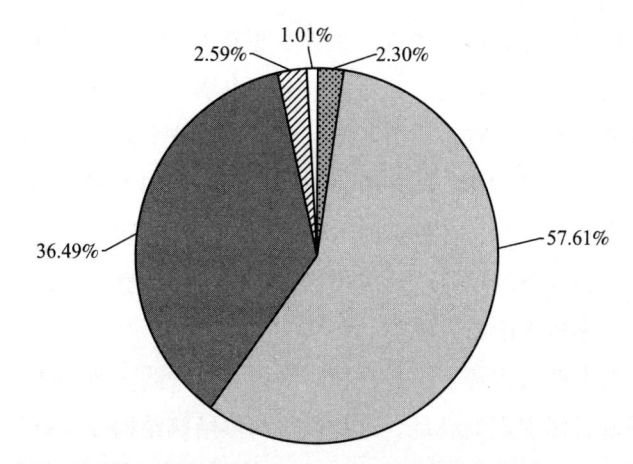

图 1　财政部 PPP 示范项目采购方式百分比①

如果从行业分布去考察，也能得出类似的结论，见图 2。但是，不同行业的选择性偏好有差异。其中，交通运输、教育、能源、生态建设和环境保护、市政工程、水利建设和林业等 PPP 项目，首选公开招标采购方式。而科技和养老 PPP 项目，偏爱竞争性磋商方式。保障性安居工程、城镇综合开发、旅游、社会保障、体育、文化和医疗中采用公开招标和竞争性磋商的项目数量基本平衡。

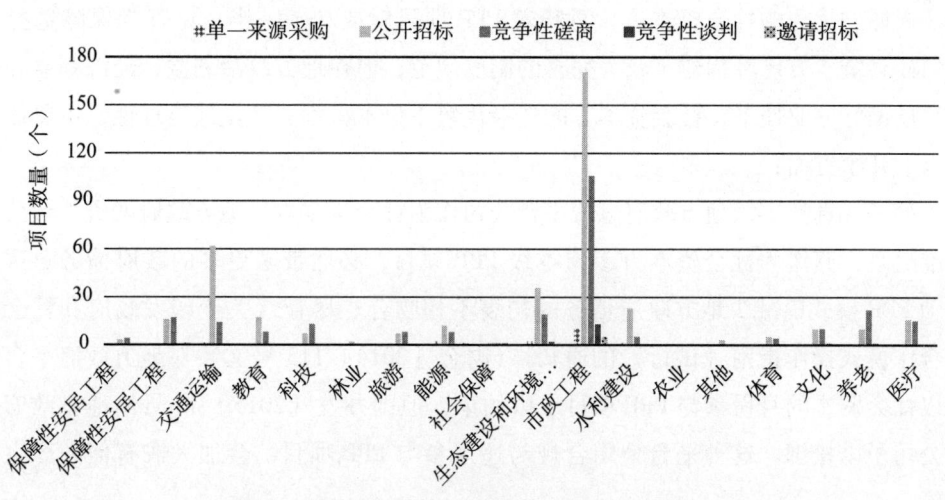

图 2　财政部 PPP 示范项目采购方式行业分布

在现行公开招标的采购方式中，多数采用无标的最低价中标模式。这种模式虽然具有能够最大限度地选择投标者、竞争性更强、招标过程公开透明等优点，但其劣势

---

① 由于部分数据缺失，选择三批示范项目中的 696 个 PPP 项目统计分析，资料来源：财政部 PPP 项目库。

也比较明显,除了增加投标者投标的成本之外,更重要的是不能充分反映市场形态。如一些企业为了与当地政府搞好关系,赢得未来的市场空间,刻意压低投标机制。对于一些可二次报价的项目,更有企业为了搅乱对手报价节奏而在第一轮就以低于成本价报价。另有一些由原来承接 BT 含有相关工程资质的企业转型而来,其管理混乱、实力差,主要靠挂靠得以生存,在投标时可能不切实际地编制项目费用预算,以超低的价格中标得到无能力实施的项目,形成招投标市场的恶性竞争。这些行为为项目成功运行埋下祸患,带来较大的财政风险。

竞争性磋商采购有两大优势:一是在短时间内完成采购,效率高;二是基于充分协商,采购需求明确且需求得到满足。这种优势与供给侧结构性改革的重要抓手——PPP 模式非常契合,并在实践中得到很好的利用。《政府和社会资本合作模式操作指南(试行)》(财金〔2014〕113 号)明确规定,评审小组对响应文件进行两阶段评审:即第一阶段的确定最终采购需求方案和第二阶段的综合评分。通过修订采购文件的技术、服务要求以及合同条款等磋商,采购需求方案日臻完善。而综合评分法能更加完整地考察投标人的综合实力、综合能力和信誉,比较适合 PPP 项目。但竞争性磋商可能因竞争性不够充分,社会资本方要价过高致使物有所值贬值,带来 PPP 模式的系统性财政风险。

2. 社会资本方的选择。

选择到优秀的社会资本方,意味着 PPP 项目就成功了一半。尽管为保障选择合适的社会资本方已经构建了较为完善的制度规范,但在地方政治利益、经济利益和相关官员偏好的驱使下,社会资本方的选择优势不仅不科学,甚至缺乏理性,主要体现在以下几个方面:

第一,选择本级地方政府融资平台公司作为社会资本方。地方政府融资平台公司是准财政,其作为社会资本方参与本级 PPP 项目,必然带来更多的政府债务。这与推动 PPP 模式以减少地方政府债务的初衷不相吻合。尽管《关于印发政府和社会资本合作模式操作指南(试行)的通知》(财金〔2014〕113 号文)对地方政府平台公司以社会资本的身份参与 PPP 项目予以约束,但国办发〔2015〕42 号给地方政府平台公司予以松绑。这种平台公司合规与违规参与 PPP 项目,会加大或有债务产生的风险。

第二,一些资质、能力不足的社会资本成为 PPP 项目的社会资本方。为积累经验或获得既得经济利益,一些能力不足的社会资本通过恶意低价竞标,获得参与 PPP 的机会。一旦中标,他们会通过再谈判或者要求额外补偿来弥补前期低价投标的损失。这种低价竞标的行为不仅扰乱了正常的投标秩序,也使得政府将承担大量隐形成本。

第三，政府以回购许诺吸引社会资本方。为推动偏远地区的 PPP 项目发展，地方政府可能会向社会资本方许诺一些不合理的条件，如许诺回购安排以吸引社会资本参与其中。这种安排是政府不考虑项目公司的具体建设和经营状况，以还本付息的模式回购股权。它不仅可能会超出政府的财政承受能力，还可能因为政府不能及时还款而造成单方面的违约，带来较大的财政风险。

第四，"公公合作"蕴含财政效率损失风险。PPP 模式的主要特征是公私合作伙伴关系。在早期的英国典型 PPP 项目——PFI 中，突显私人融资计划。而我国的 PPP 项目，因社会资本界定的范围较为宽泛，致民营资本参与 PPP 项目遭遇不少的困难与阻力，形成了事实上"公公合作"的我国 PPP 模式①。由于国有资本成为社会资本的主力，它削弱了"PPP 模式减少公共资本支出压力"的功能。加之国有资本产权还需进一步明晰，以及国有资本运行效率还需进一步提升等现实，"公公合作"的 PPP 模式在促进政府职能转变，以及提升政府提供公共服务水平上都有较大的改善空间。而作为社会资本方的国有企业，与政府之间存在千丝万缕的关系，其未担保负债的违约可能带来大量或有隐形债务，并最终由政府兜底，导致财政风险增加。

四、结论与政策建议

从理论层面，PPP 模式的财政风险有两个重要来源：一是来自公共服务自身的内在特性。即公共权威维持公共服务的持续供给与私人部门获取最佳经济利益并以此强化其讨价还价地位的信息不对称。二是缺乏长期预算框架。PPP 合约为长期且典型的支付框架，它很难与短期预算拨款机制相匹配，更无法实现无风险实施。

在制度层面，PPP 项目建立的识别、准备和采购阶段，财政风险丛生。识别阶段，以定性评价为主、定量评价为辅的物有所值评价体系，专家主观意志强，缺乏事实依据，难以识别并防范财政风险。10% 的财政红线因社会资本方界定过宽，国有企业（包括地方政府平台公司）的广泛参与，以及一般公共预算统计口径的不一致和公共预算的改革等，失去对地方政府债务扩展的有效控制力，令财政承受能力论证失

---

① 截至 2016 年 12 月末，国家示范项目共计 743 个，投资额 1.86 万亿元。其中，已签约落地 363 个，投资额 9380 亿元，落地率 49.7%。在入库的 277 个落地示范项目中，有 175 个单家社会资本项目和 102 个联合体项目，其中民营企业参与的项目数为 77 个，占比 28%；共签约社会资本 419 家，其中民营企业仅 163 家，占比 39%。从投资额角度，民营企业投资额占社会资本总投资额仅为 16%。PPP 项目民营资本参与率低的可能原因之一是民营企业规模相对较小，资金实力不足以支撑其参与大规模 PPP 项目。另外，当前我国 PPP 项目主要集中于传统基础设施领域，但我国基础设施领域对民营资本开放较晚且为渐进式，因此，民营资本参与基础设施建设的不多，且在管理、技术、运营等方面的相关经验和能力都有所欠缺，从而在一定程度上影响了民营企业参与 PPP 项目。

真。准备阶段,风险配置的不合理和回报机制选择失当令财政风险顿生。在采购阶段,低价竞标的恶性竞争和竞争性磋商的竞争不充分,使得选择的社会资本方不合意,可能导致 PPP 项目失败的风险。鉴于此,本文提出如下政策建议。

(一) 完善物有所值评价体系

PPP 模式的"物有所值",通俗的理解就是,相较于传统的公共供给模式,用 PPP 模式供给公共服务是否更有价值。这种价值通常又表现为公共服务数量的增加和质量的提高以及成本的节约。物有所值既是价值观,它引导地方政府建立绩效意识和正确的 PPP 导向;也是一种评估方法,帮助地方政府结合实际选择合适的项目实施方式。

建立科学合理的物有所值评价专家组。专家组理应包括财政、资产评估、会计、金融等经济方面专家,以及行业、工程技术、项目管理和法律方面专家等,以加强对项目的风险识别和分配。对于定性评价未通过的 PPP 项目,尤其对于那些以保底承诺、固定回报等优惠条件包装出的"伪 PPP 项目",坚决不予通过。

加强定量评价方式方法的探索并实施动态物有所值评价。准确度量 PPP 项目全生命周期内政府方净成本的现值(PPP 值)并与公共部门比较值(PSC 值)对比,为政府决策提供科学依据。同时,将物有所值评价向后延伸到谈判磋商以及实施过程中,因风险分配和政府承诺方案发生调整,项目 VFM 值发生变化,政府支付责任也应作相应调整。即进一步强化项目执行过程的物有所值评价。

(二) 强化财政承受能力论证

财政承受能力论证可以确保 PPP 项目各项政府支付责任处于财政可承受能力指标安全范围内。它的作用在于限制地方政府利用 PPP 项目扩张投资,从而避免长期政府支付责任不可控的现象。

为避免财政承受能力论证流于形式并失去"安全阀"的功效,地方政府应重点关注各类政府承诺和风险成本,将 PPP 财政承诺置于政府预算监管之下。因此,应将所有引发政府支付责任的决定或事项,包括政府付费或补贴、股权投资、配套投入以及风险分担等,均纳入财政承受能力测算之中,并从社会经济发展状况、财政能力水平、整体负债情况以及风险管理能力等角度,评价政府履约能力。尤其统筹本级全部已实施和拟实施的 PPP 项目各年度支出责任,建立分区域、行业和项目类型的财政承受能力论证和 PPP 项目投资计划,以及将指标的测算依据、标准和结果向社会公开。

（三）合理分配项目风险

PPP模式的特点之一是风险共担。配置风险应该按照"由最有能力管理和控制该风险的一方进行承担"的原则。因此，政府和社会资本应基于各自优势，通过风险的识别、转移和定价过程，发挥社会资本在PPP项目中设计、建设、融资、运营等方面的微观优势，承担微观和中观风险。政府方在宏观方面有着优势，适当承担部分中观和宏观方面的风险。鉴于PPP模式的不完全契约特征，对于风险的分配机制要求较高，需要双方明确各自在合作中的角色与义务，并严格遵守契约。一方面，政府需要认识并适应从公共产品的提供者向合作者和监督者地位转变，按合约约定分担风险。另一方面，社会资本方也应从独立的合作者角度，摒弃最终依靠政府财政兜底的消极思想，积极承担履约责任。这就要求在合约中明确风险分担，并增加调整或再谈判条款以建立合理的后期协调机制，确保项目运作的可持续性。

（四）提高政府支付责任透明度

透明PPP模式的财政支出责任，重点关注两个方面：一是单个项目的财政支出责任信息的透明与公开。主要披露PPP项目所提供公共服务的运营绩效、政府根据合同按效履约情况以及政府付费等信息，体现社会公众的知情权。二是地区内全部PPP项目的政府支付责任信息公开。披露的重点在于政府全部PPP项目的预算安排和实际的支付进度，包括所有PPP项目全部直接以及或有的支付责任。这样既能让相关方全面掌握政府的承诺责任和支付义务，为政府决策提供参考，以及及时预警财政风险并采取针对性措施。同时，信息公开倒逼地方政府关注财政风险，合理审视和配置PPP项目。

（五）进一步提高PPP项目的民营资本参与率

提高PPP项目的民营资本参与率可以有效降低系统性财政风险，可以从以下几个方面给予民营资本予以激励：

第一，加快PPP立法，以法制确立政府与市场的关系，规范PPP项目操作，消除民营资本参与PPP项目的疑虑。

第二，出台财税优惠政策，促进民营资本参与。首先，将PPP项目的前期费用纳入预算，保证PPP项目发起工作有序开展。其次，对民营资本投资较多并具有运营优势的社会保障、养老、医疗等民生领域的PPP项目，实行当期进项税退税政策，减轻项目公司现金流紧缺的压力。最后，适当延长生命周期长的PPP项目的项目公司的企业所得税减免优惠期。

第三，通过融资支持基金支持民营企业融资。一方面，融资支持基金能发挥信息和处理优势，改善当前广泛存在的金融机构"挑项目""挑社会资本"的现象；另一方面，区域性的PPP支持基金，具有承接上级引导基金资源的优势，能精准支持中小民营资本，真正发挥支持基金的引导作用。

第四，降低民营资本以联合体的方式参与PPP项目的门槛。如减少采购过程中对联合体的数量、资质、出资等的过多限制，促进大量具备专业领域服务能力但出资能力不强的民营资本和具备出资能力但缺乏专业服务能力的金融机构积极投身PPP事业。

参考文献：

1. 白文杰：《PPP模式财政风险研究》，2016年中国财政科学研究院硕士学位论文。

2. 财政部国际司：《亚行：PPP项目的财政效应分析》，载于《中国财政》，2014年第9期。

3. 陈靖、余素芳：《财政、金融风险的传导机制和影响研究》，载于《改革与战略》，2017年第3期。

4. 何涛：《基于PPP模式的交通基础设施项目风险分担合理化研究》，2011年天津大学博士学位论文。

5. 贾康：《PPP：制度供给的伟大创新》，载于《企业家日报》，2015年1月4日。

6. 李林、刘志华、章昆昌：《参与方地位非对等条件下PPP项目风险分配的博弈模型》，载于《系统工程理论与实践》，2013年第8期。

7. 李蔚：《我国铁路建设项目PPP融资模式下的风险分担机制研究》，2010年西南交通大学硕士学位论文。

8. 刘尚希：《财政风险：一个分析框架》，载于《经济研究》，2003年第5期。

9. 刘尚希：《不确定性：财政改革面临的挑战》，载于《财政研究》，2015年第12期。

10. 刘新平、王守清：《试论PPP项目的风险分配原则和框架》，载于《建筑经济》，2006年第2期。

11. 刘薇：《PPP模式理论阐释及其现实例证》，载于《改革》，2015年第1期。

12. 刘蓉、毛锐：《支出冲击、赤字缺口与财政风险化解路径》，载于《财政研究》，2017年第3期。

13. 温来成：《有效管控PPP模式的财政风险》，载于《财会研究》，2015年第3期。

14. 温来成、孟巍：《PPP项目合同管理及其财政风险监管政策研究》，载于《财政监督》，2016年第15期。

15. 温来成、刘洪芳、彭羽：《政府与社会资本合作（PPP）财政风险监管问题研究》，载于《中央财经大学学报》，2015年第12期。

16. 温来成：《现阶段我国PPP模式推广中的几个关键问题分析》，载于《会计之友》，2016年第6期。

17. 王曙光、魏来：《PPP模式下化解地方政府性债务风险的政策研究》，载于《管理观察》，2017年第5期。

18. 杨宇、穆尉鹏：《PPP项目融资风险分担模型研究》，载于《建筑经济》，2008年第2期。

19. 周小付：《公私合作模式下的财政风险：基于产权的视角》，载于《地方财政研究》，2013年第3期。

20. 曾小慧、战岐林：《公私合作伙伴模式的财政风险分析》，载于《东方文化周刊》，2014年第4期。

21. 赵双双：《PPP项目社会资本方选择和二次招标问题分析》，载于《中国政府采购》，2017年第2期。

22. Soumaré, I and Van Son Lai, V. S. An Analysis of Government Loan Guarantees and Direct Investment. Economic Modelling, 2016 (59): 508–519.

23. Caperchione, E., Istemi Demirag, I., and Grossi, G. Public Sector Reforms and Public Private partnerships: Overview and research agenda. Accounting Forum, 2017 (41): 1–7.

24. Delmon, J. Public-Private Partnership Projects in Infrastructure: An Essential Guide for Policy Makers [M]. Cambridge University Press, United Kingdom, 2011.

25. Monteiro, R. S. PPP and Fiscal Risks Experiences from Portugal [R]. the International Monetary Fund, 2007.

26. Grimsey, D, Lewis, M. K. Evaluating the Risks of Public Private Partnerships for Infrastructure Projects [J]. International Journal of Project Management, 2002, 20 (2): 107–118.

27. World Bank Group, Public-private Partnerships Fiscal Risk Assessment Model UserGuide [EB/OL]. http://www.imf.org/external/np/fad/publicinvestment [2012-02-12/2017-02-09].

28. Lam, KC Wang, and Lee, P. T. K. Modelling Risk Allocation Decisioning Construction Contracts [J]. International Journal of Project Management, 2007, 25 (5): 485–493.

29. Mohamed, C. Mu S. Y. and Cheng, H. Risks and New Transformations of PPP contracts [J]. Journal of Southeast University, 2011, 27 (4): 458 - 462.

30. Shrestha, A., Chan, T. K, and Aibinu, A. A. Efficient Risk Transfer in PPP Waste Water Treatment Projects [J]. Utilities Policy, 2017 (3): 1 - 9.

31. Istemi, D., Iqbal, K, Pamela, S, and Caral, S. The Diffusion of Risks in Public Private Partnership Contracts [J]. Accounting, Auditing& Accountability Journal, 2012, 25 (8): 1317 - 1339.

32. Yong, J. Selection of PPP Projects in China Based on Government Guarantees and Fiscal Risk Control [J]. International Journal of Financial Research, 2017 (8): 99 - 111.

33. Zaharioaie, M. Appropriate financial instruments for public-private partnership in European Union. Procedia Economics and Finance, 2012 (3): 800 - 805.

Optimization of PPP Procurement System Based on Financial Risk Perspective

TANG Xianglai YANG Bo LI Lin

Abstract: The inherent characteristics of public service and the lack of long-term budget framework are the main sources of fiscal risk of PPP. Under the current procurement system, it is difficult to identify the fiscal risks in the value evaluation system with qualitative evaluation and quantitative evaluation; the financial support ability demonstration is distorted; the risk allocation is not reasonable and the payoff mechanism is wrong; the vicious competition of low price bidding and the competition for competitive negotiation is not sufficient. These might make the PPP fiscal risks. So, we suggest improving the PPP procurement system in stages. In the identification stage, improve value evaluation, and strengthen the financial support ability demonstration to transfer the risks to the social capital. In the preparation stage, improve the risk sharing mechanism and reasonably allocate project risks. In the procurement and implementation phase, improve the PPP project budget and increase the transparency of government payment responsibility. At the same time, relevant incentive measures should be adopted to increase the PPP participation rate of private capital and effectively reduce the systemic financial risks.

Keywords: PPP Model, Procurement System, Fiscal Risk

英国医疗服务采购法研究

曹富国　周　芬[*]

摘　要：本文介绍了英国医疗服务采购的基本法律框架、主体、目标以及主要采购规则。通过研究发现，英国医疗服务采购需要遵守英国一般性公共采购法的基本原则，例如透明度、比例原则和平等性。但是，英国也制定了适应医疗服务特征的采购规则。从规制路径而言，英国并未为医疗服务采购规制详细的采购规则，而是仅止于必要的框架性规则；从规制的目标而言，以"保障患者需求"为核心目标，并且贯穿于每个采购流程；从规制机制而言，侧重于强调运用"患者选择权""一体化医疗服务"和"竞争"相结合的方式促进采购目标的实现。为了实现"保障患者需求"的采购目标，英国医疗服务采购规则允许合理的反竞争行为。

关键词：医疗服务采购　以患者为中心的采购　患者选择权　一体化医疗服务

一、英国医疗服务采购法律体系

（一）概述

英国的医疗服务部门改革一直是一个持续的过程。最近的一次深刻改革发生在2012年。由于医院运行效率低下、医疗费用过高、患者等待时间过长等原因，卡梅伦政府颁布2012年《健康和社会保障法案》（The Health and Social Care Act 2010）[①]和2013年《国民医疗服务（采购、患者选择和竞争）条例》（The National Health Service [procurement, patitent choice and competition] Regulations）[②]，对英国国民医疗

---

[*] 曹富国：中央财经大学法学院教授；周芬：中央财经大学财税学院博士生。

[①] The Health and Social Care Act 2012, 27th March 2012. 见：http://www.legislation.gov.uk/ukpga/2012/7/contents/enacted。

[②] The National Health Service (procurement. patient choice and competition) (No. 2) Regulations 2013, came into force on 1st April 2013。

服务资源进行了重新整合。其中英国《2013年采购、患者选择权和竞争条例》（以下简称《条例》）就医疗服务采购进行具体规定。《条例》是委托人在实施医疗服务采购①行为时应当遵守的主要规则。《条例》针对委托人的采购决策提供了一个规制框架，其有助于委托人实施下列法律中的相关要求：（1）《2006国家医疗服务法案》（National Health Service Act 2006）相关章节确定的关于委托人的职责②；（2）《2007地方政府和公共参与医疗法案》（Local Government and Public Involvement in Health Act 2007）；（3）《2010平等法案》（Equality Act 2010）；（4）《2006公合同条例》（Public Contracts Regulations 2006）③、公共部门指令（Directive 2004/18/EC）④和一般性的欧盟法；（5）《2012公共服务（社会价值）法案》（Public Services (Social Value) Act 2012）。

此外，英格兰国民健康服务（NHS England）和监督人（Monitor）都针对委托人的采购行为制定了指南⑤。NHS England 所制定的采购指南侧重于针对采购过程进行指导，例如委托人在不同情形下应当采取哪些不同的采购方法，以及在采购过程的实施过程中应当重点考量的因素。此外，其指南还针对相关采购法律的适用提供了指导。相比较而言，Monitor 制定的采购指南围绕《条例》的相关规定及其享有的监管职权，针对委托人如何进行采购决策才能满足《条例》中的相关规定进行指导。为此，本文结合《条例》及作为部门规制者的 Monitor 制定的条例指南，分析英国医疗服务采购机制的规制情况。

（二）《2013 国民医疗服务（采购、患者选择权和竞争）条例》的适用范围

1. 适用的主体。

本次改革以前的 NHS 委托体系是由初级照护信托（primary care trusts）和专业委托工作组（Specialised commissioning groups）组成。但改革之后 NHS 委托系统主要由 NHS England 和 CCGs（Clinical Commissioning Groups）两者构成。CCGs 主要由每个区

---

① 在英国医疗服务委托的背景下，委托（commissioning）不是指一个行为而是一系列行为，从针对人们医疗服务需求的评估，到 clinically based design of patient pathways，再到医疗服务技术规格的确定、采购与和合同谈判，以及持续性的质量评估。采购（procurement）只是属于其中的一个环节或方面。

② Chapters A1 and A2 of Part 2 of the National Health Service Act 2006。

③ http://www.legislation.gov.uk/uksi/2006/5/pdfs/uksi_20060005_en.pdf。目前还条例已经被《2015公共合同条例》所修订，见：http://www.legislation.gov.uk/uksi/2015/102/pdfs/uksi_20150102_en.pdf。

④ 目前，该指令已经被欧盟第 2014/24/EU 号指令所修订。

⑤ 见 https://www.gov.uk/government/uploads/system/uploads/attachment_data/file/283505/SubstantiveGuidanceDec2013_0.pdf。

域的全科医生组成，目的在于为其所在区域的患者和人们委托（或采购）最优的服务。目前共存在 211 个 CCGs，其管理着大多数的 NHS 委托预算（NHS commissioning budget）。在全国层面，NHS England 委托专业服务①（specialized services）、primary care、offender healthcare 以及为军队提供的某些服务。

除了 NHS England 与 CCGs 以外，还存在着其他与采购活动相关的主体。例如 Commissioning Support Units（CSUs）是为 NHS England 和 CCGs 提供支持的机构。② Public Health England（PHE）和地方当局（local authorities）是负责委托公共健康服务的主体③。

《2013 采购、患者选择权和竞争条例》适用于所有 NHS 委托人——CCGs 和 NHS England。若 NHS 委托人将其责任委托给第三方或者依赖第三方的支持或建议实施采购，那么 NHS 委托人应当是最终的责任承担者。NHS 委托人必须确保这些第三方主体在实施相关行为的过程中遵守 NHS 委托人在该条例下应当承担的责任。

《2013 采购、患者选择权和竞争条例》不适用于地方当局。地方当局在英国体制下主要负责委托公共健康和社会照顾服务。NHS 委托人可能会与地方当局之间达成各类协议，例如与地方当局联合采购某种医疗服务。NHS 委托人应当确保当其与地方当局进行联合采购或者以委托人名义进行合作采购时，自身遵守其在《2013 采购、患者选择权和竞争条例》下的义务。

《2013 采购、患者选择权和竞争条例》不适用于医疗服务的提供者。倘若 NHS 委托人选择通过"首要（prime）"或"主要（lead）"提供者模式来采购服务——即向首要或主要提供者授予一项有关系列医疗服务的合同，该首要的或主要的提供者自己只提供其中的一部分，剩余的服务由其安排其他提供者提供——那么 NHS 委托人应当确保决定采用该服务提供模式的决定以及选择首要或主要服务提供者的过程遵守该条例中的相关规则，并且应当确保首要或主要服务提供者遵守 NHS 委托人在该条例下应当承担的义务。

NHS 委托人可以允许服务提供者进行分包，但是 NHS 委托人做出允许分包的决定以及任何与分包权实施有关的保障都得与 NHS 委托人在该条例下应当遵守的义务相一致。一旦被允许分包后，服务提供者将某些服务分包给其他提供者的行为将不需

---

① 专业服务（Specialized services）是指那些只有相当少数的医院才提供的服务，虽然只有极少数人才会需要获取但是受托区却覆盖了超过 100 万的人口。这些服务由能够招募适当专家并为这些专家增进技术能力提供条件的专业医院信托（specialised hospital trusts）所提供。
专业服务大约占到 NHS 预算总额的 14%，每年大概支付 13.8 billion 英镑。
② 主要可以提供以下两大类的支持：（1）transformational commissioning functions, such as service redesign; 以及（2）transactional commissioning functions, such as market management, healthcare procurement, contract negotiation and monitoring, information analysis and risk stratification。
③ 虽然 NHS England 也以 PHE 的名义委托许多公共健康服务，但是 PHE 才是最终承担委托责任的实体。

要遵守该条例的相关规定。

《2013采购、患者选择权和竞争条例》不适用于委托支持机构（commisioning support units，CSUs）及其他提供委托支持服务的组织。但是若委托依赖于第三方实体的支持和协助，应当在协议中明确第三方实体的行为应当遵守该条例的相关规定。

2. 适用的客体。

《2013采购、患者选择权和竞争条例》适用于所有为了NHS目的的医疗服务（Health care），包括那些可能会构成成年人社会照顾服务（adult social care service）的服务。"医疗服务"是一个广义的概念，包含了所有类型的医疗服务在内，与所有身体和精神疾病有关的预防、诊断和治疗都包含在内，但是Secretary of State或地方当局（local authorities）为了履行公共健康职能而提供的服务不包含在内。

此外，《2006国家医疗服务法案》（National Health Service Act 2006）第7篇所指的药品服务（含地方药品服务）也并不受到《2013采购、患者选择权和竞争条例》的规制。委托人所进行的其他类型的服务或货物的采购也并不受到该条例的规制，例如委托人采购的支撑性服务。

二、采购目标

《2013采购、患者选择权和竞争条例》第2条明确了NHS委托人在采购医疗服务过程中应当追求的目标：保障患者的需求、提高服务质量和改善服务提供的效率。在这三个目标中，保障患者需求是最为核心的目标，采购高质量、有效率的医疗服务最终都是为了满足患者需求。

患者的需求是多样化的，其因服务而异，也因地区而异。其依赖于包括服务性质和需求者等一系列因素。英国当局认识到，委托人必须能够针对这些不同的需求进行响应。通常存在着多种满足患者需求的方式以及改善服务提供质量和效率的途径，但《条例》明确指出委托人应当考虑通过一体化的方式（in an integrated way）来提供服务以满足患者对医疗服务的需求和改善服务质量与效率。一体化的方式就是将某项医疗服务与其他医疗服务、与医疗相关的服务或者社会照顾服务相整合，以满足患者的需求。虽然NHS委托人必须针对一体化方式进行考量，但是最终的决策权在于委托人自己，由其决定在多大程度上适用这种方式。

NHS委托人应当在任何时候进行采购时都应当追求这些目标，例如在决定采购什么服务时、是否应当单独采购还是联合采购、选取何种采购方式、如何选择服务提供者。

三、如何采购

(一) 规则特征的整体述评

由委托人决定采购哪些服务以及如何为了患者的利益实施最优的采购。为此,采购条例制定了一系列的原则——使得委托人能够根据个案进行决策(什么对于其所服务的人们而言是最优的)的基本框架。整体而言《条例》只提供了原则性规定,并未包含详细的描述性规则,其赋予了委托人在实施采购过程中充分的裁量权。

Monitor发布《条例指南》的目的在于确保《条例》确定的基本框架得到尊重,从而促进委托人能够从患者的利益出发进行决策。

(二) 一般性要求

1. 透明度、比例性和平等性。

透明度是可归责性的基础,也与平等对待原则紧密相关。NHS委托人必须确保其公开地实施其所有的采购行为。具体而言,在医疗服务采购过程中,委托人为了遵守透明度要求,包括但不限于考虑以下几个方面的因素:(1)是否委托人的行为是公开的,例如提供了支持其决策的理由和证据;(2)在未来采购战略和采购意向方面,委托人应当公开哪些信息;(3)在确定采购什么服务和如何采购之前,委托人应当在多大范围内让不同的利害关系人参与进来,例如患者、职业者、患者组织、临床医生和地方社区;(4)除了通过公布合同机会以外,委托人应当采取什么样的步骤来确保提供者能够意识到其采购某些服务的意图;(5)委托人应当向参与了招投标程序并提交了标书但未成功的服务提供者提供哪些反馈信息;(6)委托人应当向相关第三方披露的信息的内容和程度,例如委托人应当如何使得其目标听众能够获取到信息;(7)委托人是否及时地发布了授予合同的详细信息;(8)委托人是否针对其做出的重要决定进行了适当记录(包括做出这些决定的理由)。

比例性是指委托人的行为必须与服务提供的价值、复杂性和临床风险成比例。因此委托人应当考虑是否应当根据服务的性质来调整其行为。为了符合相称性的要求,委托人应当至少考虑以下一些因素:(1)是否委托人以一种符合比例的方式配置了其资源,例如是否确定了优先采购的项目。更多地资源可以被分配给哪些效益高、节约成本或者质量有保障的项目。(2)委托人如何确保其采购医疗服务的方式在以下几个方面与其采购服务的属性是相称的：（a）将要用来采购医疗服务的采购流程。委托人在决定采购某项医疗服务的流程是否是符合比例原则时，其可以将委托人和潜在提供者必须投入该流程的资源水平与其采购的服务的金额进行比较；（b）要求服务提供者在供应服务时应当满足的标准。例如如果财务标准的设置对于确保服务提供的稳定性而言是必要的，那么其就符合比例原则。（c）需要潜在提供者提供的信息，以及要求提供者应当接受的任何尽职调查程序以确保其具备提供服务的资格。总之，委托人需要努力进行平衡：一方面应当确保采购方式不会造成不适当的繁琐，另一方面应当确保采购方式足够确保从最有能力提供高质量、高效率服务的提供者处采购满足患者需求的服务。

委托人应当平等地对待所有的服务提供者并且不会存在偏爱某个提供者或者某类提供者，例如不能偏爱私立、公立、慈善性、自愿性和社会性企业。若对提供者进行了区别对待，则需要证明其客观正当性。为此，委托人至少应当考虑以下几个方面的因素：（1）委托人能够如何确保不会给予事先参与了服务设计的提供者相对于其他提供者的不平等优势。由于委托人在起草服务的技术规格时往往需要向服务提供者进行咨询，因此某些服务提供者在服务设计或者需求确定阶段就已经参与了采购程序。若由这些服务提供者直接起草部分技术规格，那么可能会给其带来不平等的优势，因为其可能会通过设置不合理的苛刻的技术规格或者通过利用倾向于其自身服务的技术规格。如果委托人只是借助已有服务提供者来增进对服务的理解，而由自身起草服务的技术规格，可以减少给予既定服务提供者不合理优势的可能性。（2）委托人应当采取哪些措施以确保给予了所有潜在的感兴趣的服务提供者适当的机会来表达其参与意愿。委托人应当采取措施来确认可能感兴趣参与医疗服务提供的提供者，例如基于其对市场的了解来确定，或者需要通过公告发布其采购医疗服务的意愿。（3）如何设计服务的技术规格，从而不至于不必要地、没有客观理由地将某个服务提供者或者某类服务提供者排除在外。（4）如何实施一项竞争性招标程序以一种公平的方式来选择服务提供者。例如：（a）通过适用具备客观合理性的、不具备歧视性的授予标准；（b）向所有的服务平等地适用授予标准；（c）向所有的潜在投标人提供相同的关于招标流程的信息；（d）要求服务提供者在相同截止期限内提交其投标书；（e）要求所有的服务提供者针对相同的或相当的信息要求进行响应；并且针对某个服务提供者提出的疑问，若该疑问和答案具备普遍相关性，则需要向所有服务提供者进行澄清。

平等对待原则也同样要求委托人考虑到服务提供者之间的不同之处。例如，《2006国家医疗服务法案》（National Health Service Act 2006）给委托人施加了促进医疗服务研究和对医疗服务领域雇员进行教育和培训的责任。那么当委托人在其采购的过程中要求服务提供者参与一定的培训、教育和研究并以此来作为合同授予条件时，可以以此来区分不同的服务提供者。有些服务提供者同意该项条件，有些服务提供者不同意该项条件。在这种情况下，委托人选择仅向同意该项条件的服务提供者处采购医疗服务便具备正当性。

2. 从最有能力满足委托人采购目标、又能实现最优价值的提供者处采购服务。

最具备物有所值的投标书应当是能够提供最优质量的服务和最优价格的投标书。最具备物有所值的投标书并非一定是以最低价格提交的投标书。此外，委托人应当同样针对现有服务提供者的绩效进行评估，应当运用合同中确定的机制解决任何绩效不佳的问题。例如，如果某个服务提供者因为为满足质量要求而违反了合同，委托人应当考虑在合同之下通过何种方式来解决该问题。在必要时，委托人可能需要考虑终止合同。

为了实现这一目标，委托人可以能需要考虑以下几个方面的因素：（1）委托人应当采取哪些措施来确定已有的和潜在的感兴趣的、有能力的服务提供者；（2）委托人应当如何确保客观地评估了不同潜在提供者的相关能力；（3）委托人做出的采购决定的短期和长期影响（包括任何采购在服务的可持续性方面的潜在影响）；（4）如果考虑将不同的服务捆绑在一起的话，其将会带来哪些方面的影响。例如：（a）是否捆绑可以有助于实现更优的物有所值；（b）是否捆绑在临床上是必要的或者可以有助于提升临床效果（例如不同医疗服务之间具备相互依赖性）；（c）是否捆绑将使得最有能力的提供者不再具备提供该服务的资格（因为它不可能提供被捆绑的所有服务），从而阻止了患者从最优的提供者处获取服务。可见，捆绑服务存在着优点也存在着缺点，委托人应当根据既定情形下针对这些优缺点进行平衡从而作出是否捆绑服务的决定。

3. 改善服务质量和效率——一体化医疗服务、患者选择权和竞争。

（1）一体化的医疗服务。

当以人为中心并且进行协作时，医疗服务和支撑性服务就是一体化的了。从服务使用者的角度来看，若"我能够与那些一起努力了解我及我的病情的人们来制订治疗计划，允许我选择那些有利于产生重要效果的服务"，那么就可以被视为以一种一体化的方式来提供医疗服务。

许多患者拥有复杂的医疗服务需求，需要获得一系列广泛的医疗服务、与医疗有关的服务及社会照顾服务。这些服务可以由一个服务者进行提供，或者通过不同系统的不同服务者进行提供。患者可能同样需要在治疗过程中被从一个服务提供者转移至另一个服务提供者，such as where a person is discharged from a local hospital following in-patient surgery and requires follow-up care from a community provider and their local GP。

如果治疗是由不同科室的多个团队进行提供，那么患者所获得的治疗将是碎片化的，因而存在着漏诊或者迟延的风险。不同医院之间的物理距离，以及操作流程、文化和基础设施及系统等方面的不同都将造成碎片化治疗过程中的风险。并不存在处理这些挑战从而确保以一种一体化的方式提供治疗的唯一模式。所有提供一体化治疗服务模式的共同之处在于，从患者来看其所获得的不同服务之间是无缝联结的，无论其是由同一机构内的不同专家进行提供还是由来自不同机构的专家一起提供。

（2）患者选择权和竞争。

选择和竞争之间的关系十分密切。对于 NHS 而言，竞争通常包含两种形式：（a）基于患者选择权的竞争。当患者能够在提供相同或相似服务的多个服务提供者之间进行选择时，就产生了基于患者选择权的竞争。在不同情形下，患者也许可以在不同的 NHS 机构之间以及第三方提供者或者独立提供者之间进行选择。当患者进行选择时，通常能够得到来自其全科医生或者顾问的协助和建议。（b）为了获取提供服务的合同而展开的竞争。这类竞争主要指的是服务提供者之间为了获得向患者提供某种服务的权利而展开的竞争。委托人可以选择一个服务提供者或者数量有限的服务提供者。若委托人通过竞争性招标程序来选择一个服务提供者，则有可能会提高竞争的程度。

（3）通过一体化的医疗服务、竞争和患者选择权，促进服务的改善。

委托人有权决定改善服务质量、提升服务效率的方式。其可以选择通过一体化的医疗服务来实现，可以选择通过赋予患者选择权来实现，并且/或者可以选择促使服务提供者之间通过竞争而获取合同来实现。《条例》第三条第四款要求委托人考虑，是否通过引入竞争和患者选择权以及确保以一种更为一体化的方式提供服务将被用来提升服务质量和效率。因而委托人应当能够证明其针对这几种方式是否能够改善服务进行了考量。

如果医疗服务能够一种一体化的方式进行提供，其能够给患者带来更好地体验，并且可能改善临床治疗效果和效率；无论是服务提供者之间为了吸引患者而展开的竞争，还是为了获取提供医疗服务的权利而展开的竞争，都能够激励服务提供者改善服务治疗和物有所值。判断哪种方式更优，则取决于在具体情形下的具体服务。例如针对选择性服务（elective service）[①]而言，扩大患者的选择权也许是一种更为有效果的方式。因为对于选择性服务而言，服务提供者是根据其治疗的患者数量来获得报酬的，其只有提供更有质量的服务才能吸引更多的患者前来就诊。相比较，对于某些类型的服务而言给予患者选择权是不切实际的，例如某些紧急医疗服务。也存在着在某种情形下给予患者选择权是不合适的，竞争可能仍旧需要在这些服务的改善过程中扮演着重要的角色。

---

① 选择性服务是指患者针对以下情况具有选择权：（1）患者有权选择首次就诊的地点，包括针对身体健康和心理健康就诊在内；（2）患者有权要求更换服务提供者，如果预期该患者等待的时间可能超过最长等待时限；（3）当全科医生指出需要做专业性检查时，患者有权决定由哪家医疗服务提供者实施该项检查。

(4) 患者选择权、竞争和一体化的医疗服务三者之间的关系。

患者选择权、竞争和一体化的医疗服务三者之间并不是互相排斥的关系。竞争（包括基于患者选择权的竞争）通常发生在提供相同或相似服务的提供者之间，它们彼此竞争向患者提供某种医疗服务的机会。医疗服务一体化通常要求的是以一种无缝隙的方式向各患者提供不同种类的医疗服务。

在有些情形下这三种方式可以并存。以糖尿病患者为例，其可能要求全科医生服务、住院治疗服务（hospital-based care）、心理健康辅导、社会照料和社区医疗服务。在这一种情形可以设计一种既能够促进竞争、允许患者拥有选择权和以一体化方式向患者提供服务的模式。但是在有些情形下，这三种方式中的某些方式可能存在着相互冲突，委托人需要仔细考量和权衡哪种模式将给患者带来最优的效果。例如如果委托人选择通过"首要的"或"主要的"服务提供者模式来实现一体化的服务时，则需要评估其对竞争和患者选择权所带来的影响。

（三）具体要求

1. 合同机会的公开。

（1）决定是否需要发布合同公告。

该条例所指的"合同公告"是一种要约邀请，其邀请提供者参与作为合同授予对象服务的提供。《条例》并未给委托人施加强制性的发布合同公告的义务。委托人享有裁量权，根据服务的属性以及采购的方式等要素来决定是否需要发布一份合同公告。虽然并未给委托人施加强制性的义务，但是委托人的行为受到《条例》相关要求的规制，因而委托人的裁量权是有限的。这些相关要求主要是指：(a)《条例》第二条所提出的关于采购的一般性目标；(b)《条例》第四条第四款所要求的，委托人关于采购的安排应当能够确保服务提供者能够表达其参与的意愿；(c)《条例》第三条第二款所规定的关于透明度、相称性以及非歧视性的要求；(d) 要求从最有能力的且最能实现物有所值的提供者处采购服务；(e) 要求考虑适当的方式来促进服务质量的改善。例如，其在做出是否发布合同公告的决定时，需要考虑到合同公告的发布是否有益于促进服务质量的提高。若市场上针对某种服务只有一个唯一的提供者，那么发布合同公告就显得没有必要。总之，委托人应当根据各个地方的具体情形，以患者的利益为中心来平衡各个因素，做出是否需要发布合同公告的考量。

（2）合同公告的内容。

虽然《条例》并不强制性要求委托人发布合同公告，但是一旦委托人决定发布合同公告，合同公告的内容应当受到《条例》的规制。《条例》第四条第三款要求委托人发布的合同公告必须包含以下内容：（1）针对服务的描述；（2）评标标准。考虑到透明度和平等对待原则的要求，委托人需要考虑到其在合同公告中发布关于服务描述信息的详细程度、关于授予标准的详细程度，以及是否需要增加其他有关信息。合同公告中所包含的信息应当足够使提供者做出是否递交要约的决定。相关信息可以包含：服务的提供地、评估的合同金额大小、合同期限、资格预审条件及授予合同的程序。

（3）合同公告的形式。

若委托人决定通过发布合同公告的形式来邀请提供者提交要约，那么其必须在 the Board（即 NHS England）负责维护的网站①上发布该合同公告。

2. 资格审查。

关于资格审查标准的要求：透明的、相称的和非歧视性的标准。《条例》第七条要求委托人在做出下列决定的过程中，应当制定和适用透明的、相称的和非歧视性的标准：（1）决定哪些提供者有资格被列入一份向患者提供选择首诊预约服务清单，患者有权选择该清单中的服务提供者。（2）决定哪些提供者有资格被列入其他向患者提供选择权的清单。（即，除了选择首诊预约服务之外，委托人决定引入患者选择权的其他服务。）（3）决定哪些提供者可以有资格与其订立框架协议。（4）选择提供者参与潜在的未来医疗服务合同投标的行为。

关于资格审查标准的透明度要求。透明度要求委托人制定的资格审查标准必须是清楚的、公开的。例如，资格审查标准是否足以使得提供者可以理解其必须满足的资格要求，知晓其在资格审查过程中应当向委托人提供何种信息。又如，在资格审查程序开始之前，是否已经向提供者披露了其应当满足的标准。

关于资格审查标准的非歧视要求。非歧视要求委托人制定的资格审查标准必须不能，不具备客观合理性地偏爱任何一个特定的或者一类特定的服务提供者。一旦资格审查标准被制定之后，应当被平等地适用于所有的潜在服务提供者。

关于资格审查标准的相称性要求。相称性要求委托人制定的资格审查标准应当与服务提供的规模、复杂性和风险相称。

拒绝符合资格标准的提供者。一般情形下，《条例》不允许委托人拒绝已经被确认符合资格标准的服务提供者。但是其根据不同情形也做出了不同程度的要求：（1）在制定首诊预约服务清单的情形下，不能拒绝已经满足资格标准的服务提供者。这意味着，凡是符合资格标准的且提出申请的服务提供者，都应当被列入该清单。（2）在制定其他向患者提供选择权的服务清单、框架协议或者在选择提供者参与潜在未来合同的投标时，可以限制参与清单的服务提供者的总数量。一旦超过了事先限

---

① 目前网址为：http://www.supply2health.nhs.uk/。

制的数量，委托人有权拒绝符合资格标准的服务提供者。但是委托人应当确保其限制服务提供者总数量的任何行为遵守《条例》的相关规定，例如有责任考虑改善服务质量和效率的适当方式。除此之外，委托人不得以其他任何理由拒绝符合资格条件的服务提供者。

3. 利益冲突的管理。

若在采购该项服务过程中所涉及的利益与提供该项服务过程中所涉及的利益之间存在冲突或者潜在冲突，并且会影响或者可能会影响合同授予的廉洁性，那么《条例》禁止委托人授予该合同。《条例》进一步要求委托人针对其如何管理利益冲突的记录进行维护。《条例》禁止在存在利益冲突的情形下授予合同的主要原因在于：即使利益冲突不会真正影响到合同授予过程中的廉洁性，但是利益冲突的存在会有损委托人的声誉和公众对 NHS 的信心。

广义上而言，利益冲突是指某个人在其一个角色中做出决定的能力会受到或者已经受到其另一个角色的影响或损害。具体而言，《条例》所指的利益冲突强调的是个人在委托医疗服务角色中做出决策或行动的能力受到其在提供医疗服务中利益的影响或损害。其中作为委托医疗服务的角色所涉及的利益的种类包括：（1）委托人的成员（a member of the relevant body）；（2）管理机构的成员；（3）委托人所包含的委员会或分委会的成员，或者管理机构的委员会或分委会成员；（4）雇员。向委托人提供采购支撑的任何个人和机构也有可能引起利益冲突，例如 CSUs 有可能影响委托人的决策。在提供服务角色中的利益可能涉及直接或间接的资金利益、非资金或人事利益、专业职责或责任。

由于不同情形都有可能引起利益冲突，因此利益冲突的管理方式也是多样的。最为直接的方式是将存在利益冲突的个人排除出决策或活动之外。在这种情形下，委托人需要考虑将该个人排除出任何会议或者活动之外是否恰当；或者需要考虑允许该个人参与会议和讨论但不参与决策是适当的。若直接将存在利益冲突的个人排除出决策或活动是不切实际的。例如由于所涉人数众多，那么委托人则需要考虑其他替代方式来进行利益冲突管理。但是无论是采取何种方式针对利益冲突进行管理，都应当针对利益冲突的管理进行记录。委托人应当在记录中包含所有能够证明其针对利益冲突进行了恰当管理的信息。

4. 采购记录的保存。

根据《条例》相关规定的要求，委托人必须：

（1）发布其所授予合同的所有详细信息。[①] 委托人必须在 NHS England 负责维护的网站上发布关于其所授予合同的信息。该义务适用于任何与 NHS 医疗服务有关的

---

① Regulation 9（1）。

合同授予。该项记录必须包含以下几个方面的内容：（a）被授予合同的提供者的名称、注册地址或主要营业地址；（b）针对所提供的服务的描述；（c）将要支付的合同总金额，或者若合同总金额未知则需明确合同项下的应付款；（d）合同规定的提供服务的期间；（e）针对选择服务提供者过程的描述。但是，《条例》并未明确委托人应当发布合同授予公告的期限。为了遵守透明度原则，委托人应当尽可能快的在合同实施之前发布合同授予公告。Monitor 在其发布的《条例指南》中进一步指出，委托人应当考虑采取何种措施来更新相关记录，以确保其持续具有准确性。例如，在必要时随时更新有关向服务提供者支付实际金额的信息。

（2）保存其在授予合同的过程中关于如何履行其职责的义务。① 这里所指的职责主要是指与提高有效性、效率和改善服务质量，以及与一体化的提供服务方面的职责。记录的内容和水平则取决于具体情形。例如合同金额较高的采购项目相对于合同金额较低的项目而言，则可能需要提供更多的信息。

（3）记录其针对任何利益冲突的管理。②（前文已述）

5. 要求保证协助或支持采购行为的第三方遵守《条例》的相关规定。

委托人在某些情形下会选择向第三方寻求协助或支持以履行其采购职能。第三方可能是 NHS commissioning support units（CSUs）、独立部门或自愿性组织。相关采购职能可能涉及服务再设计、合同谈判和信息分析等。《条例》要求委托人确保为其履行采购职能提供协助或支持的任何实体遵守该《条例》中第二条、第三条、第四条第二款至第四款、第五条至第七条、第九条和第十条。相关规定的要求。这表明，委托人对于采购活动遵守《条例》的相关规定承担责任，无论其是否利用第三方实施其采购职能。委托人为了确保相关第三方遵守《条例》的相关要求，其可能需要考虑以下因素：（1）应当采取什么适当措施来评估第三方遵守《条例》相关要求的能力。（2）应当采取什么适当措施来确保第三方在其被授权实施某些支持性或协助性服务后会遵守《条例》的相关要求。例如，要求第三方按时向委托人汇报其行为是如何遵守《条例》的项规定的；或者在合同的相关条款中约定如果第三方未遵守《条例》的相关规定，委托人可以采取救济措施。

6. 反竞争行为的一般要求及其例外。

《条例》禁止委托人在采购医疗服务的过程中涉及任何反竞争的行为，除非为了医疗服务使用者的利益。例如以一种一体化的方式提供服务或者为了改善服务质量而让服务提供者之间进行合作。③ 其进而要求，提供医疗服务的任何协议必须不包含任

---

① Regulation 3（5）。
② Regulation 6（2）。
③ Regulation 10（1）。

何对于下列目标而言的不必要的限制竞争的条款：（1）让服务使用者受益的预期效果；（2）《条例》第二条所提及的采购目标。① 这是因为，若限制竞争对于实现这些利益或目标而言是不必要的，那么其也不可能是为了维护医疗服务使用者的利益。

上述禁止反竞争性行为的要求适用于委托人在采购医疗服务的过程中可能涉及的所有类型的行为。既包括委托人与服务提供者或者其他委托人之间的缔结协议的行为，也包括委托人单独实施的行为。且并不限于正式协议，在非正式协议和谅解备忘录中也存在禁止必限制竞争的条款。

Monitor作为行业监管者其负有针对委托人反竞争行为进行监管的责任，其负责评估在什么情形下行为将构成反竞争且并非出于医疗服务使用者的利益。

首先，评估对竞争的影响。Monitor会考量委托人的行为是否通过去除或者实质性降低对服务提供者在提供优质服务、物有所值等方面的激励来对患者产生负面效果这种方式来影响竞争。在进行这项评估的时候，可能会考虑以下相关因素：（a）限制竞争的性质。例如委托人的行为是限制了特定提供者参与竞争，还是消除了所有提供者之间的竞争。（b）受委托人行为影响的服务提供者的数量及其重要性。例如如果委托人的行为限制了某区域所有主要服务提供者之间的竞争，那么其相对于仅限制小部分市场份额较低的服务提供者之间的竞争而言影响力更大。（c）受委托人行为影响的服务提供者之间相互替代性的程度。Monitor可能会考虑全科医生转诊模式，供应商的地理位置，以及患者过去切换不同供应商的任何证据。（d）预期的行为或行为后果的持续期间。

其次，评估效益。Monitor也会对委托人行为为医疗服务使用者所带来的实质性效益进行评估。例如针对患者获益的性质及程度、受益患者的数量以及效益实现的周期等因素进行考量。

最后，评估是否限制竞争是基于患者利益的考量。Monitor会对从反竞争行为中的获益超过了限制竞争所产生的不良后果进行评估。如果获益大于所产生的不良后果，且若不限制竞争这些获益将无法实现，那么该委托人的行为就是基于患者利益的考量而做出的。若出现下列情形，Monitor可能会认定委托人的行为限制了竞争，但并非是基于患者利益的考量，因而不具备正当性：（a）阻止某个服务提供者进入医疗服务市场或者使其退出该市场。（b）限制现有服务提供者之间通过竞争吸引患者的程度。例如委托人限制每个服务提供者能够治疗的患者的总数量，或者限制每个服务提供者的收入等。（c）限制现有服务提供者之间通过自身的多样化来吸引患者。（d）减少现有服务提供者之间竞争的激励。

---

① Regulation 10（2）。

此外，值得注意的是：理论上委托人的任何行为只要会影响医疗服务提供者之间的竞争，都应当根据《条例》第十条的相关规定进行评估。但是，由于《条例》为委托人的决策提供了一个框架，要求委托人在决定采购什么服务以及如何实施采购时针对一系列不同因素进行考量。因而，如果委托人根据《条例》的相关框架做出了某项采购决策，那么采购人该项决策所导致的行为不可能违反《条例》第十条的规定（因为委托人在做出决策的过程中需要针对竞争和患者利益进行考量）。因此，除非特殊原因，Monitor 不会根据《条例》第十条的相关规定来针对委托人做出采购什么以及如何实施采购的决策进行审查。

7. 确保患者选择权。

NHS Constitution 等法律赋予了患者一定程度的选择权。为了保证患者选择权的实现，《条例》及相关法律为委托人提出了多项要求。例如：要求委托人利用允许患者享有选择权等方式来改进服务质量[①]；禁止 NHS England 为患者选择其 primary 医疗服务提供者的能力施加某些限制；在某些情形下若患者未在最大程度的等待时间内未获得医疗服务，要求委托人在其签订的协定中确保向患者提供替代性的服务提供者；要求委托人采取措施来公开关于患者选择权的信息并促进患者获取这些信息。

四、小结

英国的医疗服务采购规则是以"患者为中心"，为了保障患者需求而构建的采购规制框架。从采购实施的角度来看，以"患者为中心"被要求贯穿于整个采购环节，从采购需求的确定到采购过程的实施，再到合同的履行。考虑到医疗服务采购的特殊性和专业性，《2013 采购、患者选择权和竞争条例》并未为医疗服务采购制定详细的采购规则，而只是规定了为了保障患者需求而必须遵守的框架性规则。这种框架性规则的规制特征在于：（1）在明确采购目标的基础上，注重对采购原则的遵守和相关采购工具的运用。因此，在判断采购当局的采购行为是否符合该条例要求时，是否符合透明度、比例性和平等性原则被作为基本的衡量标准；采购工具（主要指一体化医疗服务、患者选择权和竞争）在运用的过程中应当以实现采购目标为目的，并且注重遵守基本的采购原则。例如，在医疗服务采购过程中竞争只是手段，并非目标，为了改善服务质量和效率从而更好地保障患者需求，允许减损竞争。（2）确定"轻规则"、保障采购人的裁量权。虽然《2013 采购、患者选择权和竞争条例》在合同机

---

① Regulation 3（4）。

会的公开、资格审查、利益冲突的管理、采购记录的保存、反竞争行为的一般要求及其例外以及确保患者选择权等方面规定了具体要求；但是这些具体要求也只是非常简单的规则，并未给采购人施加严格的、过多的要求，而是保障了采购人在其采购决策中的裁量权。Monitor 颁布的《条例指南》则针对采购人如何在遵守法律义务的前提下更好地行使其享有的裁量权进行了指导。

《2013 采购、患者选择权和竞争条例》作为英国医疗服务采购领域的特殊规则而存在。2015 年 2 月英国最新颁布的《2015 公共合同条例》中已经针对其与《2013 采购、患者选择权和竞争条例》的关系进行了厘清，以确保医疗服务采购在遵守欧盟公共部门采购指令相关规定的前提下，为英国医疗服务体系的运行制定适当的采购规则。总体而言，英国医疗服务采购的规则在基本原则等方面与一般采购规则相同，但其具备不同于一般服务采购的规则，也具备不同于其他特殊服务的采购规则。

The Study on Rules of Health Care Services Procurement in UK

CAO Fuguo　ZHOU Fen

Abstract：This article describes the basic legal framework, subjects, main purposes and main procurement rules of UK health care services procurement. It has been concluded that health care services procurement in UK should apply the basic principles of general public procurement law, such as transparency, proportionality principle and equal treatment. However, special procurement rules which are tailored to the characteristics of health care services have been enacted by UK. From the point view of regulatory path, the UK doesn't provide detail rules for health care services procurement, but only limited to the necessary framework of rules. From the point view of regulatory objectives, "securing the needs of the people who use the services" is the core objective, which has been implemented in every processes of the procurement. From the perspective of regulatory mechanism, the emphasis is on promoting the fulfillment of procurement goals through the combination of patient choice, integrated health care services and competition. In order to meet the procurement objective of "securing the needs of the people who use the services", the rules of UK health care services allow for reasonable anti-competitive behavior.

Keywords：health care services, patient-centric procurement, patient choice, integrated health care service procurement

政府公共医疗采购合同的最优路径研究：模型分析与实证检验[*]

刘丁蓉[**]

摘　要：公共医疗采购领域存在大量的信息不对称现象，政府作为最重要的采购主体之一，需要了解医疗资源使用、需求和供给三个层面的状况，更需要掌握采购合同的签订与内容，从而以最小的采购成本获得最大程度的患者受益。本文通过设计公共医疗采购合同模型，分析固定价格区间内和垄断情况下的产品成本的变动情况，并从实证角度论证公共医疗采购与患者治疗成本之间的关系，并选择A省的公开医院相关数据，利用计量模型进行分析，继而得出政府采购合同最优结构，为实施最优的采购路径提供参考。并得出结论：公共医疗采购的利他性需要通过三种渠道来实现，一是完善成本审核机制；二是掌握双方有效的信息；三是差异性采购机制设计。

关键词：政府采购　合同　设计　最优路径
中图分类号：F37.8
文献标志码：A

一、引言

由于存在既得利益群体和暗箱操作的"灰色地带"，政府公共采购行为也往往处于比较"神秘"的状态，其中展现给公众的是一种特殊的信息不对称现状[1]。然而在采购过程中，买方（政府）和卖方（企业）之间信息不对称状态也可能带来采购行为均衡的破裂。其中最重要的因素是采购产品成本信息的真实性，且在交易过程涉及的成本种类比较多，例如"公布的产品成本""政府预期的产品成本"和"实际签约的产品成本"等[2]，这些信息总是稀缺的且不容易获取的，且在不断的预期变化和交易行为改变下，合同均衡条件和状态也具有差异性[3]。

---

[*] 项目支持：教育部人文社会科学研究规划基金项目（12YJA630157）。
[**] 刘丁蓉：广东财经大学副教授、博士研究生，主要研究方向：政府采购理论与实践。

近年来,学者们都关注了医疗市场的采购行为及政策最优设计的问题。科恩（Cohen）和阿加瓦尔（Agarwal）则首先研究分析了由于医疗价格在长期或短期内都受到需求情况的影响,并且影响的路径和程度有差异。他们也对这种比较型的差异进行比较,且认为长期的价格受到需求的影响程度小于短期,但并没有考虑到采购主体对价格的影响因素等[4]。阿拉曼（Araman）在研究之后也认为医疗市场上现货交易之后,在预期合同数量以外的需求需要进一步得到满足,继而需要了解买方和卖方的信息和真实的需求程度。研究结果显示,当卖方掌握了买方的预期购买需求之后,结合采购成本的控制,可以实现采购合同的最优化[5]。但是从视角上分析,阿拉曼（Araman）的研究是基于买方和卖方都是风险中性的,但实际情况下,买方在某种程度上是风险厌恶的[6]。皮莱格（Peleg）从买方的采购方式层面进行研究,结果显示不同的采购方式的最优路径是有差异的,差异主要表现在信息搜集成本、交易成本和谈判成本方面,并且各主体的风险偏好也是重要的影响[7]。上述学者研究对象、范围和使用的方面层面都欠缺一个严谨的理论分析框架,鉴于此,本文从理论分析框架着手,以数据来检验不确定情况下,交易主体信息不对称对医疗采购最优的影响,并在此基础上提出相关建议。

二、采购合同模型：一个理论分析框架

与企业性质的组织相比,处于公共医疗领域的医院或者社会医疗机构等的采购具有特殊性,例如采购产品的"惠民"特征等。相比于企业,公共医疗领域的采购更注重"契约精神",法律层面或制度经济层面的"合同"模式更具有保护"契约精神"的能力和效率。而在企业性质的组织内部,利益导向的合作机制设计则成为主要的"契约精神"保护机制,尤其可见促进公共领域工作效率的合同机制对公共医疗采购行为而言也是一种有效且效率高的机制。本文选择采购合同模型进行理论框架设计与分析体现了对公共行政效率追求的目标。当然从公共领域行政特征来分析,采购合同模型并不是最完美的,但鉴于采购模型完备的解释因素和逻辑框架,本文在综合考虑多项因素之后选择此理论模型作为分析的基准模型。

政府采购主体与企业生产产品之间信息不对称主要表现为两种形式：一是采购主体掌握患者治疗的成本信息；二是企业掌握产品真实成本信息。在不同交易区域内,主体之间交易均衡具有不同性质。交易区间主要分为"固定价格区间"和"成本补偿区域"两种[8],在不同区域内,企业公布的产品成本信息的准确性具有异质性,合同在固定价格区域内可以达到最优[9]。为了了解固定区域内的检验有效性,模型的

形式相对简单,且假设模型在固定价格区域内拟合度较高。在此假设下,本文认为固定价格区域对合同结构最优化有较大帮助。因此,一旦医疗提供方与医院之间合同环境比本文构建的模型更为复杂,固定价格区域应该仍然是一个有价值的合同工具。

下面将展示一期内合同模型。假定买方为风险中性者,提供一个合同来购买风险中性垄断者的一个单位的产出,其中买方对于产品的保留价值较高,且通常需要尽快交易。假定买方有能力保证合同且有足够的市场能力控制合同的层次内容。买方的目标是制定一个合同,将企业激励性要素纳入分析范畴,最大化买方的预期福利。

企业了解其生产产品成本信息,设定为 φ,但买方并不知晓此信息。概率函数 $F(\varphi)$ 表示买方对于企业生产成本的了解程度,密度函数为 $f(\varphi)$,且 φ 的取值范围为 $[\varphi^-, \varphi^+]$,对于所有的 φ,$f(\varphi) > 0$。

买方与企业之间合同主要取决于产品成本,此合同在企业知晓其真实的产品成本之后达成,但在其想买方公布产品成本之前。企业并没有必要向买方公布其产品成本,只是进行一个战略性的成本公布,即 $\hat{\varphi}$,用以最大化其预期利润。

在企业公布其成本之后,买方质疑其报告的概率为 $\beta(\hat{\varphi})$。若买方质疑企业的成本报告,买方认为的产品成本 $c > 0$,企业的真实成本 φ。质疑企业的成本报告过程是一个审查的过程,且 c 是一个审查成本。若买方核算此审核,买方与企业之间签订合同的概率为 $A(\hat{\varphi}, \varphi)$。若买方不进行审查,企业会随机签订合同。一旦签订合同,买方将会支付企业 $p(\hat{\varphi})$,但若不签订合同,企业得不到任何支付,成本无法弥补且无法获得利润。因此,合同包含三个结果:$P(\hat{\varphi})$,$\beta(\hat{\varphi})$ 和 $A(\hat{\varphi}, \varphi)$。

当企业报告成本为 $\hat{\varphi}$,真实成本为 φ 时,企业的预期利润为 $\pi(\hat{\varphi}/\varphi)$,且简化而言,定义 $\pi(\varphi/\varphi) = \pi(\varphi)$,可以表示为:

$$\pi(\hat{\varphi}/\varphi) = [P(\hat{\varphi}) - \varphi] \cdot [1 - \beta(\hat{\varphi}) \cdot (1 - A(\hat{\varphi},\varphi))] \tag{1}$$

买方设计的合同是在给定企业的战略成本公布的情况下,为了获取产品的预期成本最小化。学者们研究已定的交易规则对交易情况进行了严格的规定(Myerson, 1979; Dasgupta, 1979; Harris, 1981),没有一般性规则下,买方与那些倾向于真实性公布产品成本的企业签订合同[6]。界定买方的福利为 W,且对产品的保留价值为 V,买方的合同问题可以界定为:

$$\max_{P(\cdot), \beta(\cdot), A(\cdot,\cdot)} : W = \int_{\varphi^-}^{\varphi^+} ([V - P(\varphi)] \cdot [1 - \beta(\varphi)(1 - A(\varphi,\varphi))] - \beta(\varphi) \cdot c) f(\varphi) d\varphi \tag{2}$$

约束条件:$\pi(\varphi) \geq \pi(\hat{\varphi}/\varphi)$,$\forall \varphi, \hat{\varphi}$ (IC);

$\pi(\varphi) \geq 0$,$\forall \varphi$ (IR)

$0 \leq \beta(\hat{\varphi}) \leq 1$,$\forall \varphi$

$0 \leq A(\hat{\varphi}, \varphi) \leq 1$,$\forall \varphi, \hat{\varphi}$

其中 IC 表示等式（2）中相关原则的激励－相容性，且企业需要有激励性去公布真实的成本信息。IR 表示个体理性约束表明，在一个真实的成本报告中，企业例如是非负的；此限制对于所有的企业都有约束。后两个约束性也限制了审核概率和合同签约概率。

等式（2）的解在以下的定理 1 和 2 中证明且在图 1 中展示。定理中定义了价格、审核概率和签约概率，此函数式真实成本（φ）、报告成本（$\hat{\varphi}$）和固定价格区域和成本补偿区域内的最优合同的分离参数（φ^a）。定理 2 定义最优 φ^a 值。

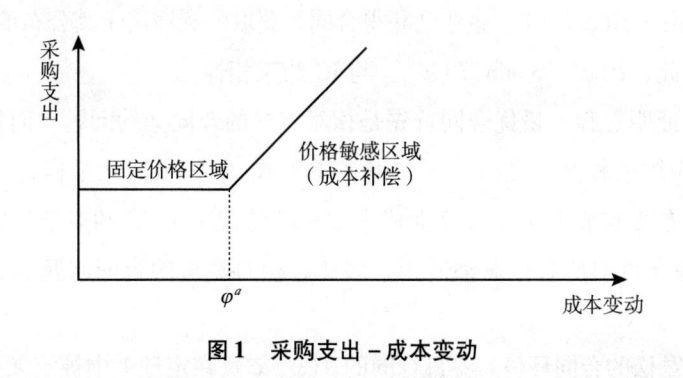

图 1　采购支出－成本变动

定理：等式（2）中的合同解的问题就是是否可以得出参数 $\varphi^a > 0$ 的值（即确定交易的价格和均衡状态下的交易成功的概率），合同结构如下：

价格：$P(\hat{\varphi}) = \begin{cases} \varphi^a, & (\hat{\varphi} \leq \varphi^a) \\ \hat{\varphi}, & \varphi \in (\varphi^a, \hat{\varphi}] \\ 0, & (\hat{\varphi} > \varphi^a) \end{cases}$　审核概率：$\beta(\hat{\varphi}) = \begin{cases} 0, & \hat{\varphi} \leq \varphi^a / \hat{\varphi} > \varphi^+ \\ 1, & \hat{\varphi} \in (\varphi^a, \varphi^+] \end{cases}$

则合同签约概率：$A(\hat{\varphi}, \varphi) = \begin{cases} 1, & \hat{\varphi} = \varphi / \hat{\varphi} \leq \varphi^a \\ 0, & 其他情况 \end{cases}$

证明：在选择是否公布真实产品成本决策层面，企业一般都会依据于真实或误报成本后的预期收益情况，若前者低于后者，则企业选择误报公布的产品成本。因此，需要对（A1）给出的真实成本 φ 给出充分必要条件的证明。

$$[P(\hat{\varphi}-\varphi)] \cdot [1-\beta(\hat{\varphi}) \cdot (1-A(\hat{\varphi},\varphi))] \leq [P(\varphi)-\varphi] \cdot$$
$$[1-\beta(\hat{\varphi}) \cdot (1-A(\hat{\varphi},\varphi))], \forall \varphi, \hat{\varphi} \quad (A1)$$

不管买方是否对企业公布的产品成本进行审核，其最大化其福利水平的条件为 $A(\hat{\varphi},\varphi)=0$。基于此行为，买方在（A1）左边的数值会减少，继而使得 IC 的约束捆绑减弱。若设定不管审核行为是否发生，即 $\hat{\varphi} > \varphi$，且 $A(\hat{\varphi},\varphi)=0$，买方可能减小计算审核成本的概率，对任何价格 $P(\hat{\varphi})$，仍然引起对真实性的关注。买方也可以通过 $A(\varphi,\varphi)=1$ 使得福利效用最大化，因为当 $A(\varphi,\varphi)<1$，不管企业的成本是否

等于 φ，通过阻碍交易来减少福利水平，也不会产生任何补偿性收益。实际上，当 $A(\varphi,\varphi)<1$，满足（A1）中的 IC 约束的成本在增加，继而减少了买方的福利水平。

当 $\hat{\varphi}<\varphi^a$，IC 约束和 IR 约束决定了价格计划的结构，其中 φ^a 是指最低成本，且 $\beta(\hat{\varphi})=0$，$\forall \hat{\varphi} \leq \varphi^a$；若买方不能够做出对成本真实性的审核，产品的不同价格组合不可能实现。因此，IR 约束需要的条件是 $P(\hat{\varphi}) \geq \hat{\varphi}$，$\forall \hat{\varphi}$，$P(\varphi^a)$ 的限制条件是 $P(\varphi^a) \geq \varphi^a$。IC 约束条件是 $P(\varphi^a)$ 取值最大，且 $P(\varphi^a) \leq \min\{P(\varphi)\}$，$\forall \varphi$。若对于某些 φ 而言，$P(\varphi^a) > P(\varphi)$，企业真实的产品成本为 φ 时，其可能公布的成本为 $\hat{\varphi}=\varphi^a$，且由于 $\beta(\varphi^a)=0$，企业会获得合同且获取的利润高于其公布的成本为 $\hat{\varphi}=\varphi$ 时的利润。因此，$P(\varphi^a) > \min\{P(\varphi)\}$ 与 IC 约束相悖。

下面给出证明过程。最优合同首先是相对宽松的合同契约问题。而相对宽松的合同问题是在 IR 约束和 $P(\cdot)$（$\hat{\varphi}<\varphi^a$）基础上等式（2）最大化过程，但仅仅对于 IC 约束下企业公布真实成本 φ^a。在企业成本 $\varphi=\varphi^a$ 情况下的 IC 约束条件的反面可以充分保证 IC 约束条件对所有企业都适用。因此，相对宽松的合同问题的解也是满足等式（2）。

考虑相对宽松的合同环境。签订合同的 $A(\hat{\varphi},\varphi)$ 在定理 1 中被定义为相对宽松环境下的合同最优问题。为了使得减少真实关联性的成本最小化，买方将会选择 $\beta(\hat{\varphi})$，因此给定价格计划，真实成本 φ^a 下的企业 IC 约束条件称对企业所有的报告成本 $\hat{\varphi}$ 都有可能。若 IC 约束没有界限，买方可能会减少任何 $\hat{\varphi}$ 下的 $\beta(\hat{\varphi})$，继而 IC 约束没有最低值限制且有更低的审核成本。因此，相对宽松的合同的最优审核计划是：

$$\beta(\hat{\varphi}) = 1 - \frac{P(\varphi^a) - \varphi^a}{P(\hat{\varphi}) - \varphi^a} \quad (A2)$$

现在转为论证，当 $\hat{\varphi}>\varphi^a$ 时，$P(\hat{\varphi})=\hat{\varphi}$ 的情况。等式（2）中买方福利可以用 $P(\hat{\varphi})$ 表示，在 A2 定义的 $\beta(\hat{\varphi})$ 基础上实现，继而可得最优的签约计划为：

$$W = V - P(\varphi^a) \cdot F(\varphi^a) - \int_{\varphi^a}^{\varphi^+} \left(P(\varphi) + c \cdot \left[1 - \frac{P(\varphi^a) - \varphi^a}{P(\hat{\varphi}) - \varphi^a} \right] \right) \cdot f(\varphi) d\varphi \quad (A3)$$

当 $\hat{\varphi}>\varphi^a$，A3 对于 $P(\hat{\varphi})$ 求导的结果表明买方的福利效用是递减的：

$$\frac{\partial W}{\partial P(\hat{\varphi})} = -f(\hat{\varphi}) \cdot \left[1 + \frac{P(\varphi^a) - \varphi^a}{(P(\hat{\varphi}) - \varphi^a)^2} \right] < 0, \quad \hat{\varphi} < \varphi^a \quad (A4)$$

在 A4 的基础上，IR 约束条件下，买方在宽松的合同环境中通过最小化 $P(\hat{\varphi})$ 来实现福利效用最大化。给定约束条件 $P(\varphi^a) \geq \varphi^a$ 和 $P(\varphi^a) \leq \min\{\varphi^a\}$ 下，可得出 $P(\varphi^a) = \varphi^a$。因此，定理 1 中定义的价格计划在相对宽松的合同环境下是最优选择，在 $P(\hat{\varphi})=\hat{\varphi}$ 下，等式 A2 得出的立即成立，IC 约束条件满足是需要确定性成本审核：$\beta(\hat{\varphi})=1$，$\forall \hat{\varphi}>\varphi^a$。

三、实证分析

(一) 数据来源、变量设置与估计模型

为了检验上述模型中论证的医疗采购支出和医院治疗患者成本之间关联性,本文在此将重点估计医院患者治疗的成本。本文使用2008~2011年A省公开的医疗采购合同面板数据,其中部分数据系笔者搜寻,数据所包含的变量涉及医院的采购特征、医院特征,采购行为特征,以及采购具体内容特征等。为了规避数据之间的不一致性,本文进行了标准化处理,即使用的是相对数据。删除部分变量缺失的合同数据,最终回归模型的有效样本为540份,相关变量的描述性统计见表1。

医院总的治疗成本是买方特征、医院特征变量和相关误差要素的函数。通过不同的医院主体来估计固定的医院治疗过程的成本。为了论证和估计上述两个主体要素之间的关系,本文使用了不同层级的描述方法。首先检验是否区域性要素会影响医疗采购支出与医院平均治疗成本之间敏感性,继而估计固定价格区域的范围是否影响预期患者治疗成本的变动。经济层面对于医院平均治疗成本的估计与假定医疗成本未知下的理论模型研究之间保持不一致性。事实上,假定买方能够实施一个成本信息审核基础上的模型意味着成本可以观察到,但观察的成本相当高。

变量设置如下:医院年度非治疗经营成本(OPEXPSE)(是医院特征和买方特征变量的函数),其中医院特征变量包括医院资产(ASSETS)、可供使用的医院床位数(BEDS)、获得治疗患者比重(MCDFRAC)、其他具有类似医疗功能医院数量(COMPETN)、医院的占用率(OCCRATE)和医院的属性是私营(PROFIT)、还是国有(GOVT)性质两个虚拟变量。医院层面的变量为HOSP(见表2)。买方特征变量包括了每一个医院的买方患者的治疗成本(CMI^j)、医院中获得买方医疗资源的患者数量(PTS^j)、患者的住院天数($BDAYS^j$),其中j表示三种情况:MCAID、MCARE和RESID(分别表示医院层面的特征变量的向量:治疗中、照顾中和重新治疗)和买方总的支出(CHG^j),变量用以预测医院的成本。

则回归方程等式为:

$$OPEXPSE = HOSP\lambda + MCAID\beta_1 + MCARE\beta_2 + RESID\beta_3 + \mu \quad (1)$$

其中λ,β_1,β_2,β_3分别表示向量的估计系数,且μ是零均值下的残差分布。医院的患者治疗成本主要根据具体购买者及其购买决策成本变动而定。医院的

年度患者治疗成本主要由 $MACID\beta_1$ 来表示，医院平均的患者治疗成本界定为 $ESTCOST^{macaid}$，即：

$$ESTCOST^{macaid} = \frac{MCAID\beta_1}{BDAYS^{mcaid}} \qquad (2)$$

在第二部分的理论模型对 φ^a 预测过程中可知，医院中每一位患者治疗的采购支出在所有 $ESTCOST^{macaid} \leqslant \varphi^a$ 时都与 $ESTCOST^{macaid}$ 有高敏感性，且在 $ESTCOST^{macaid} \leqslant \varphi^0$ 时在定义空间内是处于上升趋势的。与此对应的是，医院中每一位患者的治疗采购支出的价格（PRICE）和平均的治疗成本之间关联性可以表示为：

$$PRICE = \alpha \cdot \max[ESTCOST^{macaid} - \varphi^a, 0] + JCVARS\eta + v \qquad (3)$$

上述等式界定了决定性转变模型，其中 φ^a 表示固定的价格区域，α 和 η 是估计的参数，且 v 是两个支出机制中的残差分布。$ESTCOST^{macaid}$ 层面的医院采购模型的最大化反应的是超出 φ^a 的成本。向量 JCVARS 是用于测度两种方式的医疗采购支出机制，其中表3展示了此向量包括的变量。第一种支出机制是固定区域内医院治疗患者的直接的采购成本。此向量测度的固定价格部分，任何成本补偿部分主要通过另一种附加部分体现，即 $\alpha \cdot \max[ESTCOST^{macaid} - \varphi^a, 0]$。JCVARS 反应第二种支出机制主要侧重于医院的资本成本和营运成本直接添加到各种买方决策中。

JCVARS 的选择反应的是医疗方、医院和医院服务购买者之间博弈，且医疗照顾是医院成本和营运成本的重要组成。变量 $JNTDIEM^{macaid}$ 表示医院医疗采购支出在总体营运成本中比重，且可以通过向量 $HOSP\lambda$ 实现估计：

$$JNTDIEM^{macaid} = \frac{(PTS^{macaid}/\sum PTS) \cdot HOSP\lambda}{BDAYS^{macaid}} \qquad (4)$$

其中变量 BEDS、OCCRATE、COMPETN 和 MCDFRAC 都是医院资产值（ASSDAY）的测度方式，且可能影响 JCVARS 中的医疗服务购买者与医院之间关联性。BEDS 和 ASSDAY 主要是测度医院的资本成本，但未能够在 $JNTDIEM^{macaid}$ 反应出来，且都为正值。变量 OCCRATE 表示医院平均的占用率。因为高比重的医院占用率意味着更多的床位占用天数，且在固定价格区域内的固定成本，预期的 OCCRATE 估计符号为负值。在上述向量和变量的基础上重新构建回归模型：

$$PRICE = \alpha \cdot \max[ESTCOST^{macaid} + JNTDIEM^{macaid} - \varphi^a, 0] + JCVARS\lambda + v \qquad (5)$$

上述表达了一个合同的结构表达式。虽然理论模型预测了医疗采购支出和治疗成本变动之间是线性关系，其他的合同结构预测了医疗采购支出可能在成本敏感性的区域内的具有凹性。

（二）描述性分析与估计结果

具体结果见表1、表2和表3：

表1　　　　　　　　　　　　变量的均值和标准差

变量	均值	方差	释义
因变量			
OPEXPSE	14129	12781	医院年度非治疗成本/万元
PRICE	0.485	0.916	医院的每位患者的医疗采购支出/万元
Ln(1+PRICE)	0.316	0.329	医院的每位患者的医疗采购支出的自然对数
自变量			
BEDS	152.5	115.2	医院可供使用的床位数/天
ASSETS	10898	11642	医院的资产值/万元
ASSDAY	0.31	0.22	医院资产评估/总住院天数
MCDFAC	0.145	0.118	治疗患者的数量/总的患者数
COMPETN	6.04	5.479	同样HPFA的医院数量
OCCRATE	0.577	0.174	医院占用率=床位的使用比率
PROFIT	0.311	0.463	"1"表示私营医院
GOVT	0.195	0.397	"1"表示公立医院
CHG^{mcaid}	1977	2730	治疗患者在医院中支付数量
CHG^{mcare}	10042	9602	治愈患者在医院中支付数量
CHG^{resid}	8631	8742	重新治疗患者在医院中支付数量
CMI^{mcaid}	439	548	总的治疗患者的混合性指标
CMI^{mcare}	1817	1634	总的治愈患者的混合性指标
CMI^{resid}	2120	2097	总的重新治疗患者的混合性指标
$BDAYS^{mcaid}$	4388	5909	患者治疗期间的年度的住院天数
$BDAYS^{mcare}$	11688	11255	患者治愈期间的年度的住院天数
$BADYS^{resid}$	18676	18112	患者重新治疗期间的年度的住院天数
PTS^{mcaid}	648	860	年度医院医疗患者/位
PTS^{mcare}	1522	1280	年度医院治愈患者/位
PTS^{resid}	2610	2510	年度医院重新治疗患者/位
整合的因变量			
$JNTDIEM^{mcaid}$	0.105	0.052	联合营运成本/医疗天数
$ESTCOST^{macaid}$	0.173	0.103	患者治疗的医院成本估计/万元

表1展示了本文研究的变量设置、变量均值和标准差的分布情况。而医疗采购支出与医院的患者治疗成本之间关联性回归结果表现在表2中：

表2　　　　　　　　　　　　　　　　线性回归模型

	联立估计方程（1）和（3）因变量：PRICE		次序估计方程（表达式B）（1）和（3）因变量：PRICE		次序估计方程（表达式C）（1）和（5）因变量：PRICE	
采购支出等式	估计系数	T检验	估计系数	T检验	估计系数	T检验
EXCCOST α	3.682***	2.63	2.516***	4.69	2.528**	4.97
固定价格区域 φ^a	0.154***	3.19	0.115***	1.88	0.220***	5.12
JCVARS 向量						
Constant	0.514**	2.18	0.669**	2.85	0.611**	3.00
ASSDAY	−0.255***	−1.08	−0.165***	−0.66	−0.457***	−1.96
MCDFRAC	−1.925***	−4.52	−2.205***	−5.80	−2.135***	−5.55
OCCRATE	0.258**	0.94	0.216***	0.66	0.345***	1.15
COMPETN	−1.36E−02***	−1.63	−1.09E−02***	−1.15	−1.22E−02**	−1.53
BEDS	2.54E−04***	0.59	4.16E−05***	0.23	1.55E−04**	0.46
JNTDIEM^{mcaid}	−0.048**	−0.05	−0.425**	−0.40	−	−
	因变量：OPEXPSE		因变量：OPEXPSE		因变量：OPEXPSE	
成本等式	估计系数	T检验	估计系数	T检验	估计系数	T检验
HOSP 向量						
Constant	−595.629***	−1.00	−760.110**	−1.23	−760.110***	−1.23
ASSETS	0.808**	5.76	0.082**	5.75	0.082**	5.75
BEDS	14.639***	3.63	15.474***	3.73	15.474***	3.73
MCDFRAC	−752.820***	−0.67	−413.868***	−0.35	−413.868**	−0.35
COMPETN	25.495***	1.40	26.529***	1.42	26.529***	1.42
OCCRATE	1390.910**	1.60	1595.816*	1.78	1595.816**	1.78
PROFIT	−506.556***	−2.51	−507.758***	−2.21	−507.758**	−2.21
GOVT	209.986***	0.86	262.692**	1.04	262.692***	1.04
MCAID 向量						
CMI^{mcaid}	0.138***	0.22	−2.369**	−1.56	−2.369***	−1.56
PTS^{mcaid}	0.255**	0.75	0.945***	1.27	0.945***	1.27
BDAYS^{mcaid}	0.015***	0.23	0.055***	0.71	0.055***	0.71
CHG^{mcaid}	0.285**	2.66	0.477**	3.17	0.477***	3.17
MCARE 向量						
CMI^{mcare}	1.652**	2.46	1.937***	2.73	1.937***	2.73
PTS^{mcare}	−3.604***	−4.99	−3.754***	−5.03	−3.754**	−5.03

续表

	联立估计方程 （1）和（3） 因变量：PRICE		次序估计方程 （表达式 B）（1）和 （3）因变量：PRICE		次序估计方程 （表达式 C）（1）和 （5）因变量：PRICE	
$BDAYS^{mcare}$	0.321 ***	5.71	0.331 **	5.71	0.331 **	5.71
CHG^{mcare}	0.293 ***	5.67	0.254 **	5.67	0.254 ***	5.67
RESID 向量						
CMI^{resid}	-0.228 ***	-0.48	-0.105 ***	-0.21	-0.105 **	-0.21
PTS^{resid}	0.890 ***	2.82	0.903 ***	2.66	0.903 ***	2.66
$BDAYS^{resid}$	0.012 **	2.82	-0.004 **	-0.10	-0.004 **	-0.10
CHG^{resid}	0.438 **	7.14	0.428 **	6.77	0.428 ***	6.77
医疗采购支出等式						
样本值	380					
Log – Likelihood	-470.71					
调整 R 方	0.1480					
$\varphi^a = 0$	2.54					
经营成本等式						
样本值	380					
Log – Likelihood	-470.90					
调整 R 方	0.1449					
$\varphi^a = 0$	4.92					

注：表中 *** 表示 $p<0.001$；** 表示 $p<0.01$；* 表示 $p<0.05$；+ 表示 $p<0.010$。

上述展示了采购支出等式和成本等式的估计方程和结果，定义了医疗采购支出和医院平均的患者治疗成本之间关系。具体分析如下：

第一，采购支出等式估计结果分析。公共医疗机构的采购支出主要受到 ASSDAY、MCDFRAC、OCCRATE、COMPETN 和 BEDS（具体含义见表1）的影响。但五个自变量对整个采购成本支出的影响性质和程度是不同，主要基于对采购支出的预期差异。表现为：医院资产值与采购支出之间是负相关，说明了采购支出与资产值之间的"此消彼长"的关系，采购支出越多，医院的资产值就会下降的越多；而（治疗的患者/患者总数）的比值越大，采购支出成本就越低，因为患者的消费和支出成为弥补采购支出的重要项目；医院床位占有比例与采购支出成正相关关系，说明了占有的比重越高，医院就需要更多的床位和更多的采购支出，但是这种采购支出成本往往会由床位使用收益来弥补；具有类似治疗功能医院的数量越大，为了获取竞争优势和为患者提供更多的有益帮助，采购支出就会越多，当然这部分成本会根据"治疗效果"和"知名度"的收益来弥补；医院可供应的床位数量越多，医院的采购支出就会越多，医院的经营效益就越大，那么这部分支出都是由床位提供后的收益来弥补。

第二，成本等式估计结果分析。与采购支出的回归结果相比，医院经营成本等式的估计结果差异性还是比较明显的。一是说明了经营成本与采购支出之间并不总是呈现一致性变化方向；二是经营成本的影响因素甚多，显现的因素有以上的五个，未知的因素都可以用异方差的形式来体现。这里的分析主要集中于显性的影响因素，分别是医院资产值与经营成本是正向关系。这个结果或许令很多人感到惊讶，但事实是当医院的经营资产值很高时，也可以看出它在很多方面的支出，如医院治疗条件的改善、建筑、贷款、采购支出等，但这并不影响医院的发展，恰恰是因为成本高，也说明了医院的经营绩效是很高的；同样的道理也发生在可供使用的床位数，床位数越多，成本越高，但同时收益也会越高，资产值相应也会更多；而（治疗的患者数/总患者数）比重与经营成本呈反向关系，此点的解释主要有二：一是治疗的患者数越多说明前期的医院支出越多，使用的经营成本越多，但后续的收益，例如"声誉"等因素给医院带来的收益会弥补；二是这个比值也间接反映了医院目前的总患者数量较多，医院在未完全治疗时的投入成本较高；后面两个因素"医院床位占有率"和"类似功能医院的数量"对医院经营成本的营销呈现正向，与"采购支出"的影响效果一直，原因也具有一致性。

上述的估计结果及其解释支撑了下面两个假设：

假设1：买方与企业之间信息不对称导致了固定价格区域和成本补偿区域内合同的特征为：价格并没有与低交易成本的成本相一致，但在更高成本交易过程中呈现递减状态。

假设2：固定价格区域内的企业预期成本处于上升趋势。

为了检验假设2，本文分别估计了成本等式和采购支出等式，其中按照医院的规模将医院进行分组。四个分组涉及医院的预期单个患者治疗的成本，因此使用了三个不同的测度指标进行分类处理，即治疗费用/住院天数、混合型患者治疗成本和平均的患者医疗成本，具体数值见表3。结果显示大规模和和中等规模的医院是高预期成本的组别，较小规模的城镇医院和农村地区医院是较低预期成本的组别。假设2检验结果显示高预期成本组别的医院有最大固定的采购价格区域，而较低预期成本的医院则拥有最小固定价格区域，即两类医院在采购合同的价格制定方面的谈判能力差距较大。

表3　　　　　　　　　　　　　医院组别的预期成本测度

医院组别类型	每天平均治疗花费 (Average Charge/Day)	病例组合指数 (Case – Mix Index/Patient)	疗效估计 (花费/天数 Cost/Day)
大规模且复杂	517	0.830	174
中等规模	576	0.816	201
较小城镇医院	505	0.771	175
农村	327	0.654	113

不同规模下的医院在采购合同结构制定中谈判能力的差异性主要与医院的预期的采购成本和患者治疗成本相关，在大规模医院中，治疗成本越高，医院的预期采购成本会越高，继而能够获得更真实的产品信息，反之则反是。上述数据论证了大规模医院倾向于接收预期治疗成本高的患者个体，而小医院或者农村医院则无法从高预期治疗成本患者中获得预期成本的补偿，形成最优合同。

四、结论

本文主要研究在信息不对称环境中政府公共医疗采购的最优路径及实证检验，在数据支撑下检验了医院的患者治疗成本、采购构成和预期的产品成本之间关联性，继而引起了对医院采购支出与成本的两种模型的检验，并且最终实现对于最优的采购合同中包含的要素的论述。在上述的理论模型和实证检验下本文得出三点主要结论。

（一）公共医疗资源采购需要进行严格的采购行为和采购支出审核

由于采购交易中主体各自拥有信息优势，在成本补偿型交易区间内，信息不对称性则可能是相互的，继而引起在交易过程中利用信息优势来获取更高的预期收益，如企业拥有产品真实成本信息优势，当其预期公布"虚假"成本信息的预期收益高于公布"真实"成本信息的预期收益时，则在交易过程中会增加买方的采购支出。基于此信息不对称的影响，政府公共医疗采购方案在制定时需要考虑到企业不公布的真实信息成本情况下的政府采购支出上限。且在执行过程中，买方在交易之前要能够及时作出对企业产品信息的真实性的审核决策，一旦发现这种信息具有"虚假"性，则需要重新制定采购的政策交易条件，或者在交易过程中将原预期的企业交易收益提高，当然应在不损害买方福利效用水平基础上。在政府规定的固定价格区域内达成交易契约，或者在政府成本补偿性的交易区域间进行交易，都可以实现最优的合同结构与交易预期。

（二）买方与企业之间交易均衡的实现要素是双方掌握信息的程度

通过上述的理论模型的设计和数据检验，可以清晰的看到，最优合同结构的最重要影响因素是买方如何获得真实的产品真实信息。而一般情况下，这种最优的产品信息主要受到三个要素的影响：买方的采购最大成本支出信息、卖方最低交易价格信息和均衡价格形成的信息。除了真实产品信息之外，产品成本的变动区间，即企业愿意达成交易的最低和最高成本水平也是需要详细考虑。在信息不对称影响下，这种干扰的成本信息可能会给不同规模的医院及其公共医疗采购主体决策带来影响，规模较大的医院或买方则主要以双方掌握信息的程度来作为采购支出的主要考虑要素。

（三）公共医疗资源采购在不同级别的医院层面应具有异质性

由论证可知，买方的采购决策除了受到产品成本信息的影响，还有另外的影响要素，如医院的资产值、医院可供使用的床位数、治疗患者的数量/总的患者数、医院占用率、公立医院及私营医院数量等。上述的特征变量直接影响了买方的采购支出回归和成本补偿回归模型的估计系数，对实际交易均衡过程有重要的影响。且在不同区域内的医院内，这些变量的表现也不尽相同。因此，本文建议买方要根据自身的特征和影响因素的特征来构建差异性采购策略。

参考文献：

1. 杨灿明、李景友：《政府采购问题研究》，经济科学出版社2004年版。

2. 崔新艳：《我国政府采购文化环境评析》，载于《中国政府采购》，2007年第2期。

3. 顾岳良：《政府采购信息化建设"十统一"》，载于《中国政府采购》，2010年第8期。

4. Cox, J. C. AND ISAACS, R. M. "Mechanisms for Incentive Regulation: Theory and Experiment." RAND Journal of Economics, Vol. 1987 (18): 348 – 359.

5. LAFFONT, J. – J. AND TIROLE, J. "Using Cost Observations to Regulate Firms." Journal of Political Economy, Vol. 2006 (94): 614 – 641.

6. HARRIS, M. AND TOWNSEND, R. M. "Resource Allocation under Asymmetric

Information." Econometrical, Vol. 2001 (49): 33 – 64.

7. JOHNS, L., ANDERSON, M. D., AND DERZON, R. A. "Selective Contracting in California: Experience in the Second Year." Inquiry, Vol. 2005 (22): 335 – 347.

8. 姜达洋:《公共采购是一项创新政策吗?——从欧盟的采购政策谈起》,载于《兰州商学院学报》,2010 年第 3 期。

9. 周联华:《政府采购协议供货制度探讨》,载于《城市建设理论研究》,2011 年第 25 期。

10. 胡其昌、李敏:《新农村建设中医疗公共产品供给实证研究》,载于《地方经济》,2008 年第 7 期。

11. 温来成、王遥、王鼎:《预算法修改后地方政府债务风险控制机制研究》,载于《兰州商学院学报》,2015 年第 3 期。

12. 聂思痕:《扩大医疗保险覆盖面有利于经济发展和社会福利改善吗》,载于《广东财经大学学报》,2015 年第 3 期。

Study of Optimal Designing Path to Achieve Government Procurement Contract: The Public Medical Service Procurement as an Example

LiU Dingrong

Abstract: The government is an important trading main body of market economic system, and the people focus the annual procurement market behavior into all kinds of industry enterprises. As a rational economic behavior of government in determining individual, purchasing object content and signing the purchase contract in the process need a lot of audit behavior, the main goal is to determine the procurement cost minimization and maximize the expected return. The paper analyzes the transaction product information asymmetry government procurement contract is signed, the optimal path, and the influencing factors were analyzed, in order to provide optimal decision-making reference for government procurement act.

Keywords: government procurement contracts, design, optimal path

政府购买公共服务中的组织间管理控制：基于流程观的分析[*]

何 晴[**]

摘 要： 政府购买公共服务是国内外政府改革和公共服务供给体制创新的主要方式，2013年以来，我国政府向社会力量购买公共服务的规模正以独特的优势呈现快速增长。但是，制度本身绝非改善政府绩效的"魔力药方"。政府购买公共服务为公共服务供给机制改革提供了多元化的选择，也对政府组织间管理控制能力的提高和相应管控机制的创新提出新的要求。在私人部门组织间关系治理上发挥重要作用的组织间管理控制工具，对于治理政府购买形成的组织间关系也同样有用武之地。从政府购买的流程观出发，政府购买服务中的组织间管理控制系统可以根据关系治理的基础不同分为基于市场、基于科层和基于信任的管理控制系统模式。政府购买服务的交易主体、交易环境和交易本身的特征因素，共同决定了组织间关系的交易成本特征，进而决定了组织间管控的模式选择。

关键词： 政府购买公共服务 组织间管理控制 流程观
中图分类号： F812.2

一、问题的提出

作为一种新型公共服务供给机制，政府向社会力量购买公共服务，自20世纪90年代起开始在北京、上海、广东、江苏等地实践，十八大之后开始进入了快车道发展阶段。2013年9月26日，国务院办公厅《关于政府向社会力量购买服务的指导意见》（国办发〔2013〕96号）（以下简称《指导意见》）颁布，为政府向社会力量购买服务工作奠定了基础性框架。购买服务实践从各地分散性的改革探索步入到中央和

---

[*] 基金项目：国家社会科学基金项目"公共服务购买模式与组织间管理控制的匹配性研究"（16BGL046）资助研究项目。
[**] 何晴：首都经济贸易大学财税学院副院长、副教授。

地方建立整体规范制度阶段,到 2016 年年底,全国 31 省市均已出台了政府购买服务的有关政策制度,各级财政部门也出台了一系列文件对政府购买服务的操作规程、预算管理、政府采购执行、绩效评价等方面做了系统性的规范,我国政府购买公共服务以独特的优势呈现快速增长和规范化发展的态势。

在这场公共服务供给方式的改革浪潮中,值得注意的是,由于公共服务生产环节和供给环节的分离,政府的角色从公共服务的生产者和提供者,转变为公共服务购买的交易主体;政府决策的重点从"生产什么、如何生产"变为"购买什么服务、向谁购买、如何购买、如何保证购买的绩效水平"。同时,与一般市场交易不同的是,政府在购买服务的同时,除了购买者身份之外,还依然需要承担公共利益代表者的责任,这种特殊的交易者角色,要求政府有必要采用新的管理工具,引导参与公共服务生产环节的非政府部门,能够按照政府所代表的公共利益行事(Cristofoli, et al., 2010)。自 20 世纪 90 年代起,组织间管理控制机制开始在企业间的跨组织关系治理方面发挥作用,这一管理控制工具是否能够在政府购买服务所形成的政府部门与公共服务承接方的组织间关系治理上发挥作用,同样具有讨论的必要性。在我国政府购买公共服务快速发展的当下,这种讨论,也更加有助于将公共服务购买的研究,从意识形态意义上的讨论,进化到实用主义意义上的讨论(Warner and Hebdon, 2001; Warner and Hefetz, 2004, 2009)。

一般意义上的管理控制,是指通过衡量绩效,将绩效与标准进行比较,采取管理行动来纠正偏差或者不适当的标准三个步骤,将组织成员的行动统一于实现组织的整体目标的管理过程(Abernethy and Chua, 1996; Malmia and Brown, 2008)。更加广义的管理控制系统,还包括战略的形成与战略的执行,"用来帮助组织适应外部环境以及实现利益相关者的关键目标,并保证组织受控与可靠运行"(Merchant and Otley, 2006)。随着新公共管理运动的兴起,管理控制工具的应用从企业开始拓展至公共部门,如绩效评价、成本控制、内部控制等工具,开始被公共部门用于提高行政效率(Ahlgren and Pettersen, 2015)。进一步的,随着政府购买公共服务、公共服务外包、私有化等公共服务供给机制改革的发展,管理控制工具开始不仅仅在政府内部发挥作用,还用于政府与非政府部门之间的交易关系治理。

自 20 世纪 90 年代以来,随着垂直一体化的分解和企业合作成为经济活动中的显著现象,管理会计领域的研究者也开始关注原来适用于组织内部的管理控制工具在自治交易主体之间的运用(Otley, 1994; Hopwood, 1996),组织间管理控制开始成为管理控制领域的研究主题之一(何晴,张黎群,2009)。在这个研究方向上,管理会计研究者们对组织间管理控制的模式、机制、决定因素和经济后果等进行了诸多理论探索并提供了较多的经验证据(如 van der Meer–Kooistra and Vosselman, 2000; Mouritsen et al., 2001; Langfield – Smith and Smith, 2003; Dekker, 2004; Cooper and Slagmulder, 2004; Meer – Kooistra and Scapens, 2008; Dekker and Abbeele, 2010; Krishman et al., 2011; Ding et al, 2013; Dekker et al., 2013; Anderson et al., 2014; Moll, 2015）。随着公共服务外包等活动的兴起，组织间管理控制在政府与非政府部门之间的跨组织关系治理上的讨论也开始出现（Brignall and Modell, 2000; Clarke and Lapsley, 2004; Kurunmäki, 2004; Lapsley and Wright, 2004; Modell et al., 2007; Cristofoli et al, 2010; Johansson and Siverbo, 2011; Cäker and Siverbo, 2011; Ditillo et al, 2015 等），但是数量上，还未达到讨论私人部门组织间管理控制文献的丰富程度。但仍然可以说明，组织间管理控制的研究框架和思路用于解释公共部门与公共服务承接方之间的管理控制问题，是具有一定适用性的（Barretta and Busco, 2011）。基于这一研究目的，下文分别探讨三个关键问题：第一，从流程观的角度刻画政府购买服务中的组织间管理控制系统及其特征；第二，政府购买服务中的组织间管理控制系统的模式划分；第三，什么因素驱动政府采取不同特征的组织间管理控制系统和机制？在问题探讨的基础上，本文提出未来经验研究的可能方向。

二、政府购买服务中的组织间管理控制系统：基于流程观的观点

（一）基于流程观的政府购买公共服务中的组织间管理控制

库珀（2007）对政府购买所形成的组织间关系提出流程观的观点。他认为，政府购买所形成的组织间关系包括三个阶段：第一个阶段是作为购买方的政府部门与企业、非营利组织或者其他性质的机构之间的关系形成；第二个阶段是合同运作阶段；第三个阶段是合同的终结阶段，即形成——运作——终结流程。根据政府向社会力量购买服务的实践，这一流程具体可以分为政府明确购买需求、制定规划、公开招投标、签订合同、项目实施、监督管理、结果评估、合同终结等环节（王浦劬，2010；吴帆等，2016）。管理控制机制在这一流程中的各个环节上都能够发挥不同作用，而各环节上管理控制机制的组合，就构成了组织间管理控制系统。为了分析的方便，我们将政府购买流程分为三个阶段：正式交易关系之前的阶段、正式交易关系的运作阶段、正式交易关系终结阶段，各阶段上的管理控制的主要任务、具体可使用的控制手段、政府采用管理控制手段时所考虑的因素均有所不同。

第一，在政府与公共服务承接方之间形成正式交易关系之前的阶段，管理控制的

主要任务有两个：一是政府部门做出自制或者外购决策；二是政府部门选择合适的承接方。前者是根据购买需求和自制与外购成本的比较做出决策，属于政府部门内部决策。在决策过程中，公共服务承接方的市场竞争程度、潜在承接方数量、对承接方能力的判断、承接方与政府部门是否有历史关系等因素对于决策都会造成影响。一旦政府部门作出购买决策，则需要确定如何选择承接方和如何签订合同的问题。如果公共服务的承接方市场相对成熟，竞争性高，市场中存在多个具有相互替代性的潜在承接方，则竞争性招投标机制可以作为承接方选择的主要方式，通过竞争降低公共服务购买成本、减少机会主义行为等。但是，如果所购买的公共服务缺乏具有高度竞争性的承接方市场（Bel et al., 2010），承接方的选择就必须采用更加复杂的控制机制，来保证所选择的承接方与政府之间保持目标一致性的可能性较高，在这种情况下，承接方的特殊身份或者长期合作形成的信任关系、承接方的市场信誉等因素，在政府选择承接方主体时会发挥更加重要的作用[①]。此外，制约政府购买行为的法律、制度与规范，如政府购买的招投标法规等，也会影响承接方选择。政府部门在第一阶段所选择的承接方的特征，会直接影响第二阶段和第三阶段的管理控制问题。

政府做出外包决策并选择了合适的承接方后，双方就公共服务购买交易事项签订合同，是政府作为购买方身份实施正式管理控制的主要手段。鉴于只有第三方可验证的信息才能够写入合同发挥关系治理作用，因此，政府通过合同来实施正式管理控制的程度，主要取决于有多少信息可以被写入合同，这与交易主体行动的可观察性和交易产出的可度量性水平，以及是否能够在事前预测并写入合同的程度直接相关。

第二，政府部门与服务承接方形成正式交易关系后，管理控制的主要任务是在公共服务生产和供给过程中，政府部门采用产出控制、行动控制、社会控制等具体控制手段来实施对承接方的管理控制。产出控制的运用前提是交易产出有较高的可度量性、并且有相应的信息系统作为支撑，购买方可以根据产出结果进行奖惩从而实现有效激励。如果产出结果的可度量性较低，但是交易主体的行动可以被观察，政府可以对承接方采取行动控制，例如制定详细的程序性规则、对承接方的雇员数量、能力、雇员操作规范等提出具体要求、对承接方实施频繁的过程监控等。但是，如果承接方行动的可观察性和产出水平可度量性都较低的情况下，产出控制和行动控制可能都无法发挥主导作用，这种情况下，往往需要购买方采取非正式的社会控制工具（Malmia and Brown, 2008），通过交易主体之间的高度信任、非正式沟通、开放性承诺、非正式激励等手段，来保证交易主体之间的目标一致性。

[①] 例如，王清（2016）的研究发现，由于政府在购买服务的过程中，需要承担服务供给的剩余责任，因此，是否能够寻找到值得信任的社会组织，成为影响政府选择外包的关键因素，与社会组织之间具有高度信任关系的政府部门会倾向于选择服务外包。

第三，在正式交易关系的终结阶段上，管理控制的主要任务是对承接方的绩效水平进行正式或者非正式的评价，并根据绩效评价的结果兑付奖惩，以实现激励。作为一项可操作的管理控制手段，激励是指业绩指标与奖惩资源的有机结合，以诱导被激励方按照激励方目标行事（于增彪和张双才，2004）。根据激励三要素：业绩评价指标、奖惩资源、业绩评价结果与奖惩资源联系的第三方可验证性，以及三要素是否被写入正式合同，组织间激励机制可以分为合同内正式激励、合同外正式激励和合同外非正式激励（何晴，2012），激励的实现主要是通过交易关系终结时的奖惩兑付，以及对未来交易收益的预期来实现。

（二）政府购买公共服务中的组织间管理控制的特征

如前所述，虽然原本应用于私人交易主体之间的组织间管理控制的分析框架，对于讨论政府购买公共服务中的关系治理问题具有适用性，但是，由于政府购买服务所形成的公私部门间交易关系在政治学上的意义，以及这种交易关系下组织间治理和管理控制机制的创新（Kurunmäki and Miller，2006），会使得政府购买公共服务中的管理控制具有其特殊性。这种特殊性表现在：

第一，一般来说，私人部门间的组织间关系的形成是自愿合作的结果，而政府购买所形成组织间关系的特征往往更加复杂。在政府购买服务的过程中，除了市场交易意义上的购买之外，公权力、公私部门地位、公私部门关系等会成为影响组织间关系形成和运作的重要因素。以往研究发现，即使公共部门和非公共部门之间的关系已经通过合同、正式契约等来加以界定，但是政府部门仍在公私关系之中具有更多的主动权和控制权（Barretta and Busco，2011）。在政府购买的实践中，政府的特殊地位，在构建、管理、控制和监督组织间关系中会发挥重要的作用。一般意义上的管理控制手段，如资金配置、绩效评价、激励机制等手段，在公私关系间如何发挥作用，必须要考虑实施管理控制一方与管理控制的客体之间关系的特殊性（Selsky and Parker，2005；Raaij，2006）。

第二，作为购买客体，公共服务的生产和供给活动。如公共卫生、教育、针对老年人、残疾人、儿童等特定人群提供的社会福利等，在某种意义上经常被界定为一种"软"活动（Johansson and Siverbo，2011），即产出的可度量性低（Hofstede，1981）、资产专用性高（Speklé，2001）、可契约性（Contractibility）程度低（Domberger，1998），这类"软"交易活动的治理问题经常会受到政治和制度因素的影响（Hofstede，1981；Slyke，2007；Johansson and Siverbo，2009）。因此，在讨论组织间管理控制的手段、影响因素及其效果时，这种特殊性应该纳入到组织间管理控制的讨论中。

第三，我国的政府购买公共服务虽然也具备政府购买服务的一般特征，但是，在政府购买服务兴起与发展的背景、社会组织的发育程度、政府、社会组织与公民三者之间关系、公共服务市场的竞争性、政府监管能力等各方面，我国的政府实践与发达国家相比具有较明显的中国特点。例如，我国地方政府购买服务实践经常被划分为依赖性非竞争性购买、独立非竞争性购买和独立竞争性购买三类（王名和乐园，2008；王浦劬，2010），项目制、单位制、混合制等组织制度模式在地方政府购买服务中的应用（管兵和夏瑛，2016；王清，2016）。如果绕过政府购买服务的中国特点，来讨论政府购买服务中的组织间管理控制问题，会导致结论丧失现实意义。

三、政府购买服务中的组织间管理控制系统的模式划分

现有文献对组织间管理控制模式的划分主要在延续 Williamson（1985，1991）的区别性匹配观点，即不同性质的交易或契约对应于不同性质的治理结构，最优的治理结构就是能够最大程度节约事前和事后交易成本的治理结构。以这一观点为基础，对组织间管理控制系统模式的划分，一般是分为基于市场、基于科层和第三种类型的管理控制模式（Caglio and Ditillo，2008），第三种类型的管理控制模式往往是讨论重点（van der Meer – Kooistra and Vosselman，2000；Langfield – Smith and Smith，2003；Spekle，2001；Vosselman，2002；Sartorius and Kirsten，2005；Caglio and Ditillo，2008）。这些研究希望能够在组织间关系上，寻找市场和科层两大控制基础之外的第三个基础。

Van der Meer – Kooistra and Vosselman（2000）和 Langfield – Smith and Smith（2003）认为，除了基于市场和基于科层的管理控制系统外，组织间还存在着以信任为基础的第三类管理控制系统。在这种控制系统模式中，由于交易具有较高的不确定性，交易产出的可度量程度低，交易主体的行动也难以观察，以直接监督为基础的行为控制基本上难以发挥作用，而正式的产出控制则建立在分享私有信息的基础上。但是，由于交易主体之间具有对称的谈判地位或者相互依赖性，主体间有风险共担的合作态度和较高的信任水平，组织间管理控制可以通过非正式的社会控制机制来完成。本文借鉴这一逻辑框架，同时考虑政府购买服务的流程观，根据交易费用的区别性匹配观点和政府购买服务的流程观点，将政府外包公共服务中的管理控制系统分为基于市场的管控模式、基于科层的管控模式和基于信任的管控模式。

表1　　　　　　政府购买公共服务的组织间管理控制模式：基于流程观

管控模式	基于市场的管控模式	基于科层的管控模式	基于信任的管控模式
正式交易关系之前阶段	1. 竞争性招投标是政府选择承接方的主要机制； 2. 承接方的市场信誉也是选择标准之一； 3. 政府与承接方签订内容明确的标准化合同； 4. 所购买公共服务的产出标准可以事前明确	1. 政府采用竞争性招投标机制的同时，也设计尽量详细的承接方选择标准； 2. 对承接方能力的判断，以及承接方是否会保持与政府部门的目标一致性，在选择承接方时发挥重要作用； 3. 政府与承接方签订内容详细的合同，合同内容包括承接方的行为规范和标准	1. 与政府部门的前期合作、良好信誉和信任关系在承接方选择上发挥主要作用，竞争性招投标机制居于次要地位； 2. 合同内容往往只有框架性的约定；可度量的行动或者产出标准与支付之间的关系较为松散
正式交易关系运作阶段	1. 政府根据可度量的行动或者产出进行支付； 2. 政府搜集市场价格和其他信息，以审视交易关系运行的效果	1. 政府对承接方的行动实施较为频繁的监督和严格的绩效评价； 2. 强调政府与承接方之间的信息共享； 3. 政府对承接方的活动可能进行直接干预； 4. 政府基于对行动和产出的度量结果进行支付	1. 政府与承接方之间的非正式沟通和合作发挥重要作用； 2. 强调双方的信息高度共享； 3. 基于信任的开放性承诺发挥作用； 4. 绩效评价的标准相对宽泛； 5. 非正式控制机制发挥作用
正式交易关系终结阶段	1. 根据合同所约定的绩效目标进行奖惩。 2. 政府部门主要根据可度量的绩效结果来判断购买交易的绩效水平	1. 政府除了兑现写入合同的奖惩措施之外，可能会根据主观绩效评价结果进行合同外的奖惩。 2. 基于科层体系的奖惩资源会发挥作用	1. 相比客观绩效评价，主观绩效评价会发挥重要作用。 2. 组织间激励以合同外的非正式激励机制为主，长期合作收益、市场信誉等都被用于奖惩

（一）基于市场的组织间管理控制模式

基于市场的组织间管控模式中，主要管理控制机制包括竞争性招投标机制、政府与承接方签订内容明确的标准化合同、所购买公共服务的产出标准可以事前明确。政府根据可度量的行动或者产出进行支付，同时，政府可以根据可度量的绩效结果来判断承接方的绩效水平，并兑现合同所约定的奖惩。这种管控模式往往更加适用于不确定性和资产专用性水平较低、任务可程序化和产出可度量性较高，公众对公共服务的关注度较低，政府与服务承接方之间的谈判地位相当，不存在明显的相互依赖关系。在这种情况下，由于市场价格提供了组织间控制所需的信息和激励，不需要在市场控制之外采用更多其他的组织间控制机制，控制最关注的对象是对交易主体绩效的计量、评价与奖惩。

（二）基于科层的组织间管理控制模式

基于科层的管控模式下，由于交易具有一定程度的不确定性和资产专用性，同时交易的任务可程序化程度和产出可度量性也较高，更重要的是，政府与公共服务的承接方之间的谈判地位不对等，政府有能力采用类似科层内的控制手段，对承接方的行动和产出进行控制，来保证目标一致性。如，政府采用比竞价机制更加复杂的承接方选择机制，对承接方的能力和态度进行判断，承接方是否能够与政府保持目标一致性，可能成为比价格更加重要的选择标准。政府与承接方签订的合同中，除了具体的产出指标外，一般还会用更加详尽的标准来约束承接方的行动。交易过程中，政府往往对承接方的行动实施较为频繁的监督和严格的绩效评价，还可能对承接方的日常运营活动进行直接干预。交易完成后，除了兑现合同约定的奖惩外，政府可以使用原本应用于科层内部的奖惩资源（如行政表彰、树典型等），来激励承接方。

（三）基于信任的组织间管理控制模式

基于信任的管控模式主要适用于由于交易环境、交易主体或者交易本身的某些特征。如交易环境不确定性高、缺乏高竞争的承接方市场、交易产出可度量性低、交易主体行动难以观察等，导致基于市场和基于科层的管控模式均难以发挥主导作用，这种情况下，交易是否能够顺利进行，很大程度上取决于交易主体之间是否具有合作态度和建构伙伴关系。这时，基于前期合作、特殊历史关系、市场信誉、能力等而形成的信任关系会在管控中发挥主导作用。信任会替代竞争性招投标机制成为承接方的主要选择机制，购买合同也往往只有框架性的约定。交易关系运行过程中，政府部门对承接方的控制更多是通过非正式沟通、维持和提高交易主体之间的信任、采用非正式的绩效评价和激励机制来进行，采用这种模式的前提是在政府和承接方之间不存在某一方具有明显的强权地位，交易主体之间具有基本平等的谈判地位和较高的相互依赖性，交易主体之间存在较高的信任关系。

四、政府购买服务中的组织间管理控制系统模式的影响因素

从交易成本理论的区别性匹配观点出发，Van der Meer – Kooistra and Vosselman（2000）、Spekle（2001）、Langfield – Smith and Smith（2003）、Sartorius and Kirsten

(2005)等研究将影响组织间管理控制的因素分为交易主体、交易环境和交易本身的特征三类,这三类特征共同决定了组织间关系的交易成本特征,进而决定了组织间管控的模式选择。这种分析思路也适用于分析政府在购买公共服务的交易中,哪些因素共同决定了政府采取何种组织间管理控制系统来治理组织间关系。

(一) 交易主体特征对组织间管控模式选择的影响

政府购买公共服务中的交易主体是作为公共服务购买方的政府部门和公共服务生产的承接方,承接方可能是企业、非营利性质的社会组织、社会团体或者其他性质的非公共部门[①],交易双方的特征对于组织间管理控制模式的选择会产生重要影响。

第一,政府部门通过购买服务,将一部分公共服务的生产转移给市场主体,并没有改变政府部门是公共服务的法定提供者,对公共服务供给负有最终责任的事实,这一点会导致政府部门购买服务所形成的交易关系比一般市场交易关系更加复杂。因为政府作为交易关系的一方主体,不仅与服务承接方之间存在源于购买产生的委托代理关系,还与公共服务对象之间存在源于政治问责关系的委托代理关系,政府"是代表民众进行购买的"(库珀,2007)。后者会通过政府主体传递到公共服务外包形成的契约关系中,形成政府部门对公共服务承接方的行动和产出进行监督、评价和奖惩的基本动力。如果所购买的公共服务涉及的社会公众人数众多、政治影响力大,政府会对公共服务外包的绩效更加关注,政府部门有动机选择基于科层和基于信任的管理控制机制来加强对此类公共服务外包活动的控制,而不仅仅依靠市场的约束力量,政府所负有最终责任的重要性影响了政府采取的组织间管理控制的强度。(Cristofoli et al.,2010;Ahlgren & Pettersen,2015)

第二,从我国的现实情况来看,目前政府购买公共服务的承接主体主要分为:转制的事业单位、公办社会组织或者政府扶持举办的社会组织、社会力量举办的社会组织和营利性组织。其中,第一类和第二类承接主体名义上是社会力量,实际上与政府之间具备千丝万缕的联系,实质上是行政隶属和行政管辖关系。现实中,政府与这两类承接方之间的关系往往通过非竞争购买机制形成。即使是社会力量举办的社会组织,目前也存在规模偏小、数量偏少的现状,而且,社会组织在资金来源、办公场所、人员等资源方面往往对政府部门有很强的依赖性。社会组织的重要资金来源于政府拨款与经费支持,而非捐赠、会员收费、服务性收费等社会组织常规收入来源

---

① 《指导意见》和《政府购买服务管理办法(暂行)》(财综〔2014〕96号)对承接主体的范围界定是"依法在民政部门登记成立或经国务院批准免于登记的社会组织,按事业单位分类改革应划入公益二类或转为企业的事业单位,以及依法在工商管理或行业主管部门登记成立的企业、机构等社会力量"。

(吕纳和张佩国，2012；夏建中等，2014；黄剑宇，2015）。交易主体所呈现的这种特征，使得在政府购买服务的交易过程中，政府部门具有强势地位，而服务承接方，常见的行动选择是"政府不倡导的事不会去做，跟着大环境即政府的思路走"（吕纳和张佩国，2012）。但同时，随着社会组织专业性和社会资源的拓展，以及政府向社会力量购买公共服务的规模扩大，也会同时增加政府部门对服务承接方的依赖，从而形成交易主体之间的相互依赖关系。"政府对私营机构和非营利组织的依赖性的增强，意味着政府在很多情况下的成功很大程度上依赖这些伙伴的绩效质量"，这种相互依赖关系会影响组织间管理控制机制的选择与应用（库珀，2007）。如果双方谈判地位不等，处于优势一方的主体（一般为政府部门）可以迫使劣势一方披露更多的信息，从而有可能实施类似科层体系内的产出控制和行动控制措施；但如果双方的关系逐步发展为相互依赖，组织之间更容易形成基于信任的控制机制模式。

（二）交易环境特征对组织间管控模式选择的影响

在传统的公共服务供给方式下，公共服务的生产环节是由政府部门内设的科层体系完成的。政府购买服务将原本基于行政命令和科层体系的供给方式转变为基于契约、信任和伙伴关系的购买方式，这种转变需要具备特定的环境和制度条件。政府购买公共服务的交易环境的特殊性主要体现在可能不存在公共服务生产者的竞争市场。一般来说，如果市场竞争性较高，潜在的公共服务承接方数量众多，竞争会成为承接方提高生产效率的重要激励，基于市场的管理控制机制能够发挥较大作用。美国国际市县管理协会（International city/county management association，ICMA）每五年进行一次的美国地方政府公共服务供给方式的专项调查显示，在所调查的公共服务中，地方政府在提供拖车服务、法律服务、固体垃圾处理等公共服务时较广泛的采用政府购买公共服务方式，其原因是此类服务有相对成熟的承接方市场、服务内容标准，竞争充分。Cristofoli et al.（2010）对三个意大利城市地方政府外包家庭养老服务的观察发现，由于家庭养老服务的市场化程度高，存在竞争性市场和多个潜在承接方，政府多采用基于市场的管理控制模式。在交易过程中，政府与服务供应商之间通过定期的正式协商制度将相对宽泛的合同框架加以具体化，来明确给具体服务对象所提供的服务的数量和标准，以保证服务内容符合服务对象的需求。无独有偶，杜荣胜（2014）对合肥市政府购买居家养老服务的研究中也发现，由于能够承接居家养老服务的服务商数量较多，竞争性强，政府可以在服务商选择上可以采取市场化运作，面向具备相应资质的服务商实行公开招标，基于市场的管理控制发挥了主要作用。但是，并非所有类型的公共服务都具备这样的市场条件，相反，研究者发现，公共服务市场普遍缺乏竞争性，缺乏竞争使得通过外包来降低公共服务供给成本和提高供给效率并非必然结果（Bel et al., 2010），这是政府部门在进行管理控制机制设计时必须考虑的环境约束。

（三）交易本身的特征对组织间管控模式选择的影响

如前所述，公共服务的生产与供给活动，如公共卫生、社会服务、教育等活动，在某种意义上可以被界定为一种"软"活动（Johansson & Siverbo, 2011），这类活动的特征是产出的可测量性低、资产专用性高、可合约性（Contractibility）程度低，这类"软"交易活动的治理问题经常会受到这些交易本身的特征的影响。经验证据显示，政府在此类"软"活动外包交易的过程中，所购买公共服务的产出可度量性越高、任务不确定性越低，政府部门会越多的使用基于市场的管理控制模式，而如果资产专用性和承接方的行动可观察性越高，政府部门会越多的采用基于科层的控制机制（Cristofoli et al., 2010；Ditillo et al, 2015）。如果交易本身的特征决定政府部门难以单纯使用基于市场或者基于科层的管控机制，则基于信任的管控机制会发挥更加重要的作用。

五、结论与未来可能研究方向

政府购买公共服务作为一种新的公共服务供给方式，目的在于通过引入市场和竞争，降低公共服务供给成本、提高公共服务供给效率。但是，供给方式的改革本身并不必然带来效率的提高与绩效的改善。政府部门善用组织间管理控制工具，保证公共服务承接方能够保持与政府部门的目标一致性，在双方共同参与公共物品及服务的生产和提供的过程中建立以合作为目的的治理框架，成为政府在购买服务过程中应该具备的"经验知识"（周志忍，2009）。作为实施控制的一方主体，政府部门所选择的，无论是整体意义上的组织间管控模式，还是某一具体的管理控制机制，都应当考虑管理控制与交易主体、交易环境、交易本身特征之间的匹配性，尤其与政府公权力和强势地位、公共服务与公共利益关系的密切程度、公共服务承接方市场的竞争性等特殊性因素之间的匹配性，这种匹配性很大程度上决定了组织间管理控制的有效性。

我国政府购买服务实践中，由于在交易主体、交易环境和交易本身上具有很多中国特殊性，购买服务的政府部门往往会采取较为复杂的组织间管理控制，关系本身的复杂性决定了所应用的组织间管理控制的复杂性，实际应用的管控模式可能比三分法更加复杂。政府购买公共服务交易本身的复杂性，叠加上组织间管理控制问题的复杂性，使得政府购买公共服务中的组织间管控问题具有多重复杂特征。在这个问题上，通过问卷调查和案例研究等，在诸多问题上提供经验证据是未来重要的研究方向。这些问题包括但不限于：我国政府购买公共服务中所采用的组织间管理控制手段的特征？这些组织间管理控制机制是否能够加以组合形成具有显著差异的管理控制模式？这些模式的形成与交易主体、交易本身和交易环境的特征之间是否存在显著的匹配性？管控与影响因素之间的匹配是否会带来更高的购买绩效？是否对这些问题加以关注，将会成为判断政府部门是否是一个"精明"买家的重要标准。

参考文献：

1. Abernethy M A, Chua W F. A Field Study of Control System "Redesign": The Impact of Institutional Processes on Strategic Choice [J]. Contemporary Accounting Research, 1996, 13 (2): 569–606.

2. Ahlgren P C, Pettersen I J. Local government and management control in inter-organizational settings [J]. Public Money & Management, 2015, 35 (5): 383–389.

3. Anderson S W, Christ M H, Dekker H C, et al. The use of management controls to mitigate risk in strategic alliances: Field and survey evidence [J]. Journal of Management Accounting Research, 2014, 26 (1): 1–32.

4. Barretta A, Busco C. Technologies of government in public sector's networks: In search of cooperation through management control innovations [J]. Management Accounting Research, 2011, 22 (4): 211–219.

5. Bel, Germa', Xavier Fageda, and Mildred E. Warner. 2010. Is private production of public services cheaper than public production? A meta-regression analysis of solid waste and water services. Journal of Policy Analysis and Management 29: 553–77.

6. Brignall S. An Institutional Perspective on Performance Measurement and Management in the New Public Sector [J]. Management Accounting Research, 2000, 11 (3): 281–306.

7. Cäker M, Siverbo S. Management control in public sector Joint Ventures [J]. Management Accounting Research, 2011, 22 (4): 330–348.

8. Clarkea P, Lapsleyb I. Management accounting in the new public sector [J]. Management Accounting Research, 2004, 15 (3): 243–245.

9. Cooper R, Slagmulder R. Interorganizational Cost Management and Relational Context [J]. Accounting Organizations & Society, 2004, 29 (1): 1–26.

10. Cristofoli D, Sicilia M, Steccolini I, et al. Do environmental and task characteristics matter in the control of externalized local public services?: Unveiling the relevance of party characteristics and citizens'offstage voice [J]. Accounting Auditing & Accountability Journal, 2010, 23 (March): 350 - 372.

11. Dekker H C, Abbeele A V D. Organizational Learning and Interfirm Control: The Effects of Partner Search and Prior Exchange Experiences [J]. Organization Science, 2010, 21 (6): 1233 - 1250.

12. Dekker H C, Sakaguchi J, Kawai T. Beyond the contract: Managing risk in supply chain relations [J]. Ssrn Electronic Journal, 2013, 24 (2): 122 - 139.

13. Dekker H C. Control of inter-organizational relationships: evidence on appropriation concerns and coordination requirements [J]. Accounting Organizations & Society, 2004, 29 (1): 27 - 49.

14. Ding R, Dekker H C, Groot T. Risk, partner selection and contractual control in interfirm relationships [J]. Management Accounting Research, 2013, 24 (2): 140 - 155.

15. Ditillo A, Liguori M, Sicilia M, et al. Control Patterns In Contracting-out Relationships: It Matters What You Do, Not Who You Are [J]. Public Administration, 2015, 93 (1): 212 - 229.

16. Domberger S. The contracting organization: a strategic guide to outsourcing [J]. Oxford University Press, 1998, 78 (2): 475 - 476.

17. Hofstede. Management control of public and not-for-profit activities [J]. Accounting Organizations & Society, 1981, 6 (3): 193 - 211.

18. Hopwood A G. Looking across rather than up and down: On the need to explore the lateral processing of information [J]. Accounting Organizations & Society, 1996, 21 (6): 589 - 590.

19. Johansson I L, Baldvinsdottir G. Accounting for trust: some empirical evidence [J]. Management Accounting Research, 2003, 14 (3): 219 - 234.

20. Kurunmäki L. A hybrid profession—the acquisition of management accounting expertise by medical professionals [J]. Accounting Organizations & Society, 2004, 29 (29): 327 - 347.

21. Langfield - Smith K, Smith D. Management control systems and trust in outsourcing relationships [J]. Management Accounting Research, 2003, 14 (3): 281 - 307.

22. Lapsley I. Accounting and the New Public Management: Instruments of Substantive

Efficiency or a Rationalising Modernity?[J]. Financial Accountability & Management, 1999, 15 (3-4): 201-207.

23. Malmi T, Brown D A. Management control systems as a package—Opportunities, challenges and research directions [J]. Management Accounting Research, 2008, 19 (4): 287-300.

24. Meer-Kooistra J V D, Scapens R W. The governance of lateral relations between and within organisations [J]. Management Accounting Research, 2008, 19 (4): 365-384.

25. Merchant K A, Otley D T. A Review of the Literature on Control and Accountability [J]. Handbooks of Management Accounting Research, 2006, 2 (2): 785-802.

26. Modell S, Jacobs K, Wiesel F. A process (re) turn?: Path dependencies, institutions and performance management in Swedish central government [J]. Management Accounting Research, 2007, 18 (4): 453-475.

27. Moll J. Editorial: Special issue on innovation and product development [J]. Management Accounting Research, 2015, 28: 2-11.

28. Mouritsen J, Hansen A, Hansen C O. Inter-Organisational Controls and Organisational Competencies: Episodes Around Target Cost Management/Functional Analysis and Open Book Accounting [J]. Social Science Electronic Publishing, 2001.

29. Otley D. Management control in contemporary organizations: towards a wider framework [J]. Management Accounting Research, 1994, 5 (3-4): 289-299.

30. Raaij. Norms Network Members Use: An Alternative Perspective for Indicating Network Success or Failure [J]. International Public Management Journal, 2006, 9 (3): 249-270.

31. Sartorius K, Kirsten J. The boundaries of the firm: why do sugar producers outsource sugarcane production? [J]. Management Accounting Research, 2005, 16 (1): 81-99.

32. Selsky J W, Parker B. Cross-Sector Partnerships to Address Social Issues: Challenges to Theory and Practice [J]. Journal of Management, 2005, 31 (6): 849-873.

33. Speklé R F. Explaining management control structure variety: a transaction cost economics perspective [J]. Accounting Organizations & Society, 2001, 26 (00): 419-441.

34. Van der Meer-Kooistra, J., and E. G. J. Vosselman. Management control of interfirm transactional relationships: The case of industrial renovation and maintenance [J]. Accounting, Organizations and Society, 2000, 25 (1): 51-77.

35. Warner, Mildred E., and Amir Hefetz. 2004. Pragmatism over Politics: Alterna-

tive Service Delivery in Local Government, 1992 – 2002. In The Municipal Year Book 2004, ed. ICMA, 8 – 16. Washington, DC: International City County Management Association.

36. Warner, Mildred E., and Amir Hefetz. 2009. Cooperative competition: Alternative service delivery, 2002 – 2007. In The Municipal Year Book 2009, ed. ICMA, 11 – 20. Washington, DC: International City County Management Association.

37. Warner, Mildred E., and Robert Hebdon. 2001. Local government restructuring: privatization and its alternatives. Journal of Policy Analysis and Management 20: 315 – 336.

38. Williamson, O. E. Comparative economic organization: The analysis of discrete structural alternatives [J]. Administrative Science Quarterly, 1991, 36 (2): 269 – 296.

39. Williamson, O. E. The economic institutions of capitalism [M]. New York: the Free Press, 1985.

40. 杜荣胜：《政府购买公共服务问题和对策研究》，载于《财政研究》，2014 年第 6 期。

41. 何晴、张黎群：《组织间管理控制模式与机制研究评介》，载于《外国经济与管理》，2009 年第 10 期。

42. 何晴：《跨组织激励、伙伴关系与绩效》，首都经济贸易大学出版社 2012 年版。

43. 黄剑宇：《政府购买公共服务的制度化进程分析》，载于《湖南工程学院学报：社会科学版》，2015 年第 4 期。

44. 库珀：《合同制治理》，复旦大学出版社 2007 年版。

45. 吕纳、张佩国：《公共服务购买中政社关系的策略性建构》，载于《社会科学家》，2012 年第 6 期。

46. 王名、乐园：《中国民间组织参与公共服务购买的模式分析》，载于《中共浙江省委党校学报》，2008 年第 4 期。

47. 王浦劬：《政府向社会组织购买公共服务研究》，北京大学出版社 2010 年版。

48. 吴帆、周镇忠、刘叶：《政府购买服务的美国经验及其对中国的借鉴意义——基于对一个公共服务个案的观察》，载于《公共行政评论》，2016 年第 4 期。

49. 夏建中、张菊枝：《我国社会组织的现状与未来发展方向》，载于《湖南师范大学社会科学学报》，2014 年第 1 期。

50. 于增彪、张双才：《公司业绩评价与激励、约束机制的设计.//中国会计年鉴编辑委员会：《中国会计年鉴》中国财政杂志社 2004 年版。

51. 周志忍：《认识市场化改革的新视角》，载于《当代社科视野》，2009 年第 4 期。

Inter-organizational Management Controls in Purchase of Public Services: A View from the Process Perspective

HE Qing

Abstract: Purchase of public services is an important innovation in the area of public services supply and has been a fast-developing domain since 2013. But the innovation does not necessarily lead to the improvement of administrative efficiency. This gives rise to important questions of how public sector organizations manage purchase transactions and develop the corresponding the management control mechanisms. Inter-organizational management control mechanisms, which have been used in the governance of relationships between private economic entities, come to play an important role in the governance of the relationship between government and non-government organizations. From the process perspective, this conceptual paper develops a taxonomy framework of inter-organizational management control systems. The characteristics of environment, tasks and entities can explain the adoption of certain configurations of control.

Keywords: Purchase of public services, Inter-organizational Management Control, Process Perspective

构建基于主体责任的政府向社会力量购买公共服务全过程财政监督机制[*]

杨燕英[**]

摘 要： 政府向社会力量购买公共服务是我国在实现政府治理体系和治理能力现代化的进程中推进的一项重要制度，也是加强和创新社会管理、改进政府公共服务供给方式一个重要举措。近年来，这项制度在全国范围内广泛实施并已取得很大成效，但也逐渐显露出存在的各种问题和风险，需要有关各方提高风险意识，增强风险防范能力。特别是财政部门作为政府向社会力量购买公共服务的出资人，其本身承担着公共资金管理者的角色身份，在市场化购买公共服务的过程中，必须从对公共资金支出负责的角度，加强对政府向社会力量购买公共服务的监督管理。为此，本文将对财政部门在政府向社会力量购买公共服务中应当承担的主体责任进行分析，并依此构建全过程财政监督机制。

关键词： 政府向社会力量购买公共服务　财政监督　主体责任

一、问题的提出

诞生于西方国家的政府购买公共服务作为一项政府治理的重要措施，从20世纪90年代中期引入我国，现已从当初地方政府的小范围探索和尝试，发展为加快服务型政府建设、推动社会管理创新、扩大公共服务供给范围、提高公共服务供给质量和提升公共服务供给效率最重要的制度创新手段。2013年9月国务院出台《关于政府向社会力量购买服务的指导意见》（以下简称"指导意见"）从顶层设计上明确了政府向社会力量购买服务的总体方向。党的十八届三中全会《中共中央关于全面深化改革若干重大问题的决定》，进一步提出"推广政府购买服务，凡属事务性管理服

---

[*] 本文为国家社科基金项目"构建基于主体责任的政府向社会力量购买公共服务全过程监督机制研究"（项目号：17BZZ057）的阶段性研究成果。

[**] 杨燕英：中央财经大学政府管理学院教授、博士，主要研究方向：财税理论与政策、政府购买公共服务。

务，原则上都要引入竞争机制，通过合同、委托等方式向社会购买"。至此，政府向社会力量购买公共服务作为一项制度创新开始在全国范围普遍推广。

近年来，为了落实国家战略，各地区、各部门都在积极推进政府向社会力量购买公共服务，加大财政资金的支持力度。政府向社会力量购买公共服务的规模和范围不断扩大，已经逐步深入到社会管理的各个领域，公共服务供给水平明显提高。2014年全国政府采购规模为17305.34亿元，比上年增长5.6%，占全国财政支出和GDP的比重分别为11.4%和2.7%。随着政府购买服务改革的推进，政府向社会力量购买服务项目大幅增加，服务类采购增长迅速。2014年，服务类采购金额1934.25亿元，比上年增长26.1%，占采购总规模的11.2%，比2013年提高1.8个百分点。2015年全国政府采购规模为21070.5亿元，首次突破2万亿元，比2014年增长21.8%；占全国财政支出和GDP的比重分别达到12%和3.1%。其中，服务类采购金额3343.9亿元，占全国政府采购规模的比重为15.9%，较上年增加1409.7亿元，增长72.9%，占政府采购规模的比重明显上升，比2014年提升4.7个百分点。2016年全国政府采购规模继续保持快速增长，采购规模为31089.8亿元，剔除一些地方以政府购买服务方式实施的棚户区改造和轨道交通等工程建设项目相关支出5358.5亿元，全国政府采购同口径规模为25731.4亿元，较上年增加4660.9亿元，增长22.1%，占全国财政支出和GDP的比重分别为11%和3.5%。其中，服务类采购规模为10219.3亿元，剔除以政府购买服务方式实施的棚户区改造和轨道交通等工程建设项目相关支出5358.5亿元后，服务类采购同口径规模为4860.8亿元，较上年增加1516.9亿元，增长45.4%，占全国政府采购同口径规模的18.9%，较上年提高3个百分点。①

从制度创新的角度看，政府向社会力量购买公共服务制度的发展，一方面切实打破了以往公共服务由政府单一供给的传统模式，通过引入市场机制，实现了政府与社会力量在公共服务供给领域的合作，提高了财政资金的使用效率；另一方面也在很大程度上促进了社会组织的发展和服务能力的提升，使社会公众享受的公共服务质量更高，取得了良好的经济效益和社会效益。然而，相对于发达国家，我国政府购买公共服务制度起步较晚，整体推进只有几年的时间，制度运行尚不够成熟。"重购买，轻监督"的问题普遍存在，使得制度运行中存在的问题和风险逐渐显现出来，如果不加强监督管理，势必将影响该制度的健康有序发展，进而导致公共利益的损失，影响政府声誉。因此，加强对政府向社会力量购买公共服务制度运行的监督管理，防范各类风险的发生，应当是引起各级政府、各部门高度重视的问题。而财政部门作为政府

---

① 数据来源：中国政府采购网，http://www.ccgp.gov.cn/news/。

购买公共服务的主管部门和购买资金的供应者，天然承担着公共监管责任。但与目前快速发展的政府向社会力量购买公共服务势头相比，财政部门的监管力量却显得比较薄弱。与政府货物采购大部分采用集中采购方式因而比较便于财政监督不同，多数政府购买公共服务采取的是各部门分散化购买模式，即由各职能部门自行购买，由此给财政部门进行监督造成了比较大的挑战。政府向社会力量购买公共服务作为一中兼具行政性和市场性特征的活动，其本身就存在多重潜在风险，必须对其加强监督管理。但是，财政部门在政府向社会力量购买公共服务过程中到底应承担怎样的监督责任、监督内容是什么、采用何种监督模式以及如何运用监督手段等一系列问题仍在探索之中，由此造成财政部门监督依据不足和缺乏有效监督办法的局面，对有效防范政府购买公共服务的风险十分不利。为此，亟需加紧研究政府向社会力量购买公共服务的财政监督主体责任，并据此构建有效的财政监督机制。

二、政府向社会力量购买公共服务的财政监督主体角色确认

随着政府向社会力量购买公共服务制度的确立，财政部门在其中的监督主体角色就显得尤为重要，直接关系到财政部门在监督管理中的职能和作用。笔者认为，对财政监督主体角色的确认可以从制度和法律两个层面进行。

（一）制度层面的确认

2013年9月国务院办公厅发布"指导意见"之后，财政部、民政部、国家工商总局、文化部等相关部委或单独或联合，针对政府向社会力量购买公共服务在制度层面发布了一系列的政策文件，对我国政府向社会力量购买公共服务制度的顺利开展提供了国家层面的制度框架和方向指引，对全国各地方政府制定和规范本地政府购买公共服务制度建设具有重要的指导意义。全国几乎所有的省份和大部分的市县政府都相继出台了地方性制度和规则，包括地方性"指导意见"、具体领域的公共服务购买制度，还有些地方列出了政府向社会力量购买公共服务项目清单。这些中央和地方政府政策文件的相继出台，使得我国各级政府向社会力量购买公共服务的制度框架已经建立起来，使得政府向社会力量购买公共服务活动有了基本的范围和规则。同时，在各级政府发布的"指导意见"中，都明确规定各级财政部门是政府向社会力量购买公共服务的主管部门，承担着监督管理职责。由此，财政部门在政府向社会力量购买公共服务活动中的监督主体角色地位得到了各级政府的确认。

（二）法律层面的确认

《中华人民共和国政府采购法》（以下简称《政府采购法》）是我国政府采购领域的专门法律，于 2003 年正式实施，并于 2014 年修订。《政府采购法》非常明确地将政府购买服务纳入到该法的法律约束范围，并规定财政部门是政府采购的监督管理部门。也就是说在法律上已经确立了财政部门是政府向社会力量购买公共服务的监督管理部门这一主体地位，这一地位体现在《政府采购法》（2014 年修订）第十三条的规定中，即"各级人民政府财政部门是负责政府采购监督管理的部门，依法履行对政府采购活动的监督管理职责。"《政府采购法实施条例》的第二条第四款对《政府采购法》中所称的"服务"做了进一步的解释："政府采购法第二条所称服务，包括政府自身需要的服务和政府向社会公众提供的公共服务。"这一条款的解释，一方面说明了政府采购中的"服务"包括的两层含义，即政府向社会力量购买公共服务和政府自身需要的服务，二者并不是同一个概念；同时明确了政府向社会力量购买公共服务是受《政府采购法》约束的政府采购活动内容，因而其监督主体也必然是财政部门。至此，在法律层面上完成了对政府向社会力量购买公共服务监督主体角色地位的法律确认。

三、财政监督的多重主体责任辨析

财政部门作为政府向社会力量购买公共服务的出资人和主管部门，对该项制度的建设、发展和运行情况负有重大的监督主体责任。

（一）财政监督的主体责任之一：法律责任

在政府向社会力量购买公共服务的监督管理上，财政部门首先肩负着重大的法律责任。《政府采购法》（2014 年修订）的第五十九条规定："政府采购监督管理部门应当加强对政府采购活动及集中采购机构的监督检查。监督检查的主要内容是：（一）有关政府采购的法律、行政法规和规章的执行情况；（二）采购范围、采购方式和采购程序的执行情况；（三）政府采购人员的职业素质和专业技能。"第六十五条规定："政府采购监督管理部门应当对政府采购项目的采购活动进行检查，政府采购当事人应当如实反映情况，提供有关材料。"第六十六条规定："政府采购监督管理部门应当对集中采购机构的采购价格、节约资金效果、服务质量、信誉状况、有无违法行为等事项进行考核，并定期如实公布考核结果。"上述条款实际上对财政部门在政府向社会力量购买公共服务监督管理方面的职责、权力、监管范围、监管内容等做出了明确。而对于政府采购监督管理机构监管不力的情况，《政府采购法》也做出了追究法律责任的规定。《政府采购法》第八十条规定："政府采购监督管理部门的工作人员在实施监督检查中违反本法规定滥用职权，玩忽职守，徇私舞弊的，依法给予行政处分；构成犯罪的，依法追究刑事责任。"第八十一条规定："政府采购监督管理部门对供应商的投诉逾期未作处理的，给予直接负责的主管人员和其他直接责任人员行政处分。"第八十二条规定："政府采购监督管理部门对集中采购机构业绩的考核，有虚假陈述，隐瞒真实情况的，或者不作定期考核和公布考核结果的，应当及时纠正，由其上级机关或者监察机关对其负责人进行通报，并对直接负责的人员依法给予行政处分。"

上述法律条款的规定，意味着财政部门在政府向社会力量购买公共服务中承担有无可推卸的监督管理法律责任，必须依法对政府向社会力量购买公共服务进行全方位多角度的监督管理，其监管权力的行使，具有充分的法律依据。

（二）财政监督的主体责任之二：社会责任

所谓社会责任，实际上是政府财政部门对社会公众期望的一种回应，也是作为政府职能部门体现国家责任的一种必须。政府向社会力量购买公共服务制度之所以能够在世界范围内推行，与社会公众对政府提高公共服务供给效率和水平的诉求有直接的关系。财政部门作为政府内部直接负责政府向社会力量购买公共服务管理的职能部门，是代表政府接受社会公众的委托进行制度建设、运行和结果的监督管理，是社会公众的代理人，要对最终委托人——社会公众负责的。因此，无论从理论上还是在现实中，财政本身承担着重大公共受托责任，也就是公众赋予的社会责任，而这些社会责任需要通过一系列的财政行为体现出来。其中，加强对政府向社会力量购买公共服务制度的监督管理就是社会责任履行的一个重要方式。

具体而言，财政部门在政府向社会力量购买公共服务方面履行社会责任，首先表现在要制定一系列的制度、规则、措施和办法，对各地区、各部门、各单位的政府向社会力量购买公共服务行为进行指导、规范、约束和评价。也就是利用制度化手段明确政府向社会力量购买公共服务的范围与规模，方式与流程，质量与效益，以保证市场化的购买行为能够在有效的制度框架内进行。其次，在制度框架建立起来之后，财政部门还需要监督参与政府向社会力量购买公共服务制度运行的各方利益主体，看其是否真正按照制度和规则进行购买活动，有无行为偏差或偏离。也就是要依法依规监督政府向社会力量购买公共服务全过程的运转情况并及时对已有制度进行查缺补漏。最后，财政部门必须关注公众诉求，包括对政府向社会力量购买公共服务事项的需求、服务质量的满意度、购买成本和标准的适当性、购买公共服务事项的公开透明以及公众参与的程度等等，不断改进和完善制度设计并及时给予公众回应。只有这样，才能保证政府向社会力量购买公共服务制度的顺利运行并满足社会公众对合格公共服务的要求。

由以上可以看出，财政部门是政府向社会力量购买公共服务社会责任的重要承担者，也是政府履行公共服务供给的重要执行者，如果不重视财政部门的社会责任而忽视财政对政府向社会力量购买公共服务的监督，将严重影响财政在公共服务领域社会责任的履行。

（三）财政监督的主体责任之三：管理责任

如前所述，根据我国政府采购法律，财政部门作为主管部门，依法承担对政府向社会力量购买公共服务的管理责任。一般而言，管理是指应用科学的手段安排组织社会活动，使其有序进行。诺贝尔奖获得者赫伯特·西蒙（Herbert A. Simon）给管理做出的定义是：管理就是制定决策。"科学管理之父"弗雷德里克·温斯洛·泰勒（Frederick Winslow Taylor）认为，管理就是确切地知道你要别人干什么，并使他用最好的方法去干。财政部门作为政府向社会力量购买公共服务活动的管理者，不仅要告知全社会推行该制度的目的和意义，完成公共决策过程。还要通过制度建设和监督机制指导、规范所有政府向社会力量购买公共服务参与者应当如何进行购买活动，并且规范其行为，防止因为行为偏差导致的制度运行风险而妨碍初始目标的实现。因此，财政部门必须根据政府向社会力量购买公共服务的目、对象、范围等制定规范化的制度和操作措施，并在执行过程中加强监督管理。事实上，政府向社会力量购买公共服务作为促进服务型政府建设的一项重要的政策工具，在我国仍然处于成长阶段，尚未积累很多的成熟经验，在实践中仍然会出现各种问题并存在各种风险，需要不断研究加以防范和解决。此时，财政部门肩负的监管责任重要性就尤其凸显出来。一方面，相关法律规定财政部门就是政府向社会力量购买公共服务的主管部门，承担着责无旁贷的监督管理责任，必须要对政府向社会力量购买公共服务的制度建设、流程规范和运行效果负责；另一方面，作为社会公众所需公共服务的提供者，虽然提供方式有所变化，但提供公共服务的效率和质量不但不能降低，而且还要随着提供方式转变不断提高，这样才能体现出政府向社会力量购买公共服务的理念和价值。因此，财政部门的监管职责不但不能减轻，反而要更加强化，以保证政府向社会力量购买公共服务制度的健康有序发展。

笔者认为，财政部门作为监督主体的管理责任主要体现在：第一，制定政府向社会力量购买公共服务制度的发展战略、规划和具体政策，从宏观层面导引制度的发展方向；第二，制定具体的政府向社会力量购买公共服务制度的运行规则，用政府规制的手段确定购买的范围、方式、标准以及承接主体的市场准入等，以保证政府向社会力量购买公共服务活动在严格的制度框架内进行；第三，建立有效的监督机制，规范购买行为，防范各类风险，保证政府购买公共服务的质量和效益。

（四）财政监督的主体责任之四：经济责任

根据委托代理理论，政府向社会力量购买公共服务本身体现着社会公众与政府之间、政府部门与购买主体之间、购买主体与承接主体之间的层层委托代理关系。在这种多重委托代理关系之下，由于信息的不对称以及"经济人"本能冲动导致的代理人"逆向选择"和"道德风险"极有可能发生。而一旦这类风险发生，最终损害的是终极委托人——社会公众的利益，即公共利益。这种公共利益的损失，表现在经济上就是公共资金的损失和浪费，即花了钱，却没有办事或没有办好事，造成公共资金使用效率低下，服务水平降低。财政部门作为公共资金的管理者和依法受托托管政府购买公共服务的职能部门，降低行政成本、提高财政资金支出效率、防范资金使用风险，是其理所当然承担和履行的经济责任。因此，财政部门对政府向社会力量购买公共服务究竟应该买什么、向谁买、买多少、怎么买、买得值不值等问题必须高度关注并做出明确要求。也就是说，财政部门对公共服务购买资金所负的经济责任，不仅表现在要安排购买资金，还要对花出去的钱负责，要让花出去的钱体现出效率、效益和效果。

概括而言，财政部门承担的所谓经济责任，就是要强调和保证政府向社会力量购买公共服务的资金在使用上要节约高效、物有所值、防范风险，实现所费与所得成正相关关系。不能出现公共服务购买资金损失和浪费现象，要防止各参与主体出于自身利益动机而利用信息不对称条件损害公共利益的情况发生。为此，财政部门必须加强对政府向社会力量购买公共服务参与者的监督管理，从资金管理的角度规范各方参与主体的购买活动，防止各种寻租行为等形成的风险，保证财政资金在政府向社会力量购买公共服务领域的安全、节约、高效和物有所值。

四、履行财政监督主体责任的基本路径——构建全过程财政监督机制

如前所述，在政府向社会力量购买公共服务制度的运行中，财政部门作为政策的

制定者和出资人，在法律和制度层面都确立了监督主体的角色，承担着多重的主体责任。那么，如何履行财政监督的主体责任，以保证政府向社会力量购买公共服务制度健康有序的发展，就成为财政部门应当重点研究的问题。笔者认为，财政部门充分履行监督主体责任的基本路径，是构建政府购买公共服务的全过程财政监督机制。为此，应当从以下几个方面入手。

（一）树立财政监督三个意识

财政部门必须树立三个意识，即财政监督责任意识、全面绩效管理意识和购买风险防范意识。如果缺乏这几个意识，必然导致对政府向社会力量购买公共服务财政监督的重视程度不够，体制不健全和机制运转不顺畅的问题，最终造成公共利益的损失。

首先，必须树立财政监督责任意识。强调财政部门必须从全局和战略的高度重视财政监督的必要性和重要性，突出财政监督对整个政府向社会力量购买公共服务制度的推进和发展具有非常重要的方向导引和规范纠偏作用。也就是说，加强在政府向社会力量购买公共服务领域的财政监督，不仅仅事关财政资金的管理问题，更重要的是关系到推进服务型政府建设、实现我国政府治理能力和治理体系现代化的重大问题，必须予以高度重视。

其次，必须树立全面绩效管理意识。从政府向社会力量购买公共服务制度运行本身的角度，强调财政监督的保障作用。只有对政府向社会力量购买公共服务的目标、需求、过程和结果等进行全面绩效管理，才能够保证政府向社会力量购买公共服务的需求导向、投入产出以及效益效果，既满足公众需要，又符合公平公正、物有所值的基本原则。

最后，必须树立购买风险意识。突出政府向社会力量购买公共服务本身是一种兼具行政性和市场性双重特征的购买活动，一方面关联着行政权力的运用；另一方面关联着市场主体的公平竞争、服务效能以及服务对象的满意度，关系到多方利益主体、多个过程环节和多种方式手段，其不仅在政策制定、制度运行和市场行为等方面可能存在风险，在各类主体的道德自律和参与能力等方面也存在风险。而各种显性和隐性风险的存在，就要求财政部门必须重视风险管理问题，通过构建有效的监督机制，合理运用各种财政监督工具和手段，防范各类风险的发生。

由此可以看出，树立上述三个意识，既是构建政府向社会力量购买公共服务全过程财政监督机制的重要前提，也是保证财政监督机制顺利运行的指导思想。

(二) 界定政府社会力量购买公共服务财政监督权责关系

政府向社会力量购买公共服务财政监督，涉及财政内部和外部相关主体的权责划分与协调配合，并由此形成清晰稳定的财政监督体制。但从当前的实际情况看，无论是在财政内部还是外部，目前都尚未形成真正的财政监督体制，相关监督主体的责权划分并不清楚。

从内部来看，政府向社会力量购买公共服务的财政监督，需要财政内部各部门的相互配合。现行制度规定，在财政系统内部，综合司（处、科）是管理政府向社会力量购买公共服务的职能部门，其自然承担着监督职责。但是综合部门在具体的业务流程中履行监督责任，主要体现在对购买过程合法性和合规性的监督，而有关立项审核、预算管理、合同履约、绩效评价等，还需要预算、国库、监督监察和其他相关业务部门的协调配合，这必然要求要从制度上划分清楚各部门的监督责权，从而形成明确的财政内部监督体制。但从目前的实际情况看，财政内部各部门的工作主要局限于基本工作流程，监督上的责权划分并不明确。

从外部看，财政监督需要所有参与政府向社会力量购买公共服务的部门单位通过加强管理予以配合。但是目前购买主体"重分配、轻管理"现象非常普遍。一是购买主体对购买服务的预算编制缺乏专业性和科学性，预算编制粗糙，支出随意性大。二是合同管理不严格，套取政府购买资金的现象时有发生，最终导致购买公共服务的资金使用不当，未达到预期的效果。三是承接主体完成购买服务的提供后，购买单位对其资金执行情况审核粗略，缺乏全面的监督检查，责任落实的制度安排和实施机制不健全。四是虽然按照财政的要求，在购买公共服务供给完成之后，需要委托第三方进行财政支出绩效评价，但在第三方机构的地位以及作用并未作出明确的法律规定，对第三方机构的管理等方面也存在很多制度缺失。上述问题的存在，究其原因，与对各方参与主体在监督责任上没有明确的制度规定有直接的关系。可以说由于财政外部的购买活动参与主体监督责任不清，导致在购买公共服务的业务链条上并未形成有效的监督制衡机制。

基于以上情况，必须尽快改变现在监督权责不清的模糊状态，建立明确的政府向社会力量购买公共服务财政监督体制，清晰界定各级财政部门内部机构应当承担的监督责权以及外部主管部门、购买主体应当承担的监督责权，进而在政府向社会力量购买公共服务监督中形成各尽其责，各司其职，相互配合，良好合作的相互关系，以保证全过程财政监督机制顺利运转。

（三）分解政府向社会力量购买公共服务基本流程

构建全过程政府向社会力量购买公共服务财政监督机制，就必须从规范化的流程入手，通过分解购买公共服务的基本流程，探析每一阶段流程的工作要点，并判别各个流程阶段中存在的风险，做出风险分析，进行风险评估，以便找出对应的财政监督工具和手段嵌入其中，防范风险的发生。根据《政府采购法》和购买公共服务的一般规程，笔者认为，政府向社会力量购买公共服务活动的全部过程可以分为五个阶段，即需求形成阶段、预算管理阶段、服务购买阶段、合同履约阶段和绩效评价阶段。而这五个阶段各自存在的问题和风险，正是财政监督需要重点防控的对象。

1. 需求形成阶段。

需求形成阶段是政府购买公共服务的起点，决定了政府向社会力量购买公共服务的购买范围和服务方向。在这一阶段，需要对公共服务需求进行充分的调查研究、汇总梳理，并根据当前条件确定购买公共服务的需求范围和服务内容。制定购买项目计划，是非常重要的前期工作。此阶段容易出现的问题和存在的风险，是调查研究不充分、公众需求得不到反映和长官意志等。

2. 预算管理阶段。

预算管理阶段实际上是对有限的购买资金进行分配的过程。在这一过程中，既要满足购买公共服务项目的资金需要，又要保证有限的财政资源能够满足更多项目对财政资金的需求。因此，政府向社会力量购买公共服务预算编制的质量，不仅直接关系到具体公共服务项目的购买资金保证，而且关系到整个政府购买公共服务资源配置的合理性和效率性，是一个非常关键的工作环节。在这一阶段最容易出现的问题和存在的风险，是项目预算编制依据不足、编制方法粗糙、预算审查不严格等。

3. 服务购买阶段。

服务购买阶段是政府向社会力量购买公共服务政策落实和制度运行的最重要环节。通过政府向社会力量购买公共服务实现政府治理现代化，充分体现政府与市场、社会三者之间的相互合作关系，主要就依靠公共服务的购买过程来实现。购买过程涉及购买主体、承接主体的互动与利益，能够充分展现市场经济主体参与政府向社会力量购买公共服务活动的广度与深度，是市场活动的集中区域，体现了诸多利益主体的利益博弈。此阶段最容易出现的问题和存在的风险，是购买方式选择不当、不公开发布购买信息、人为设置障碍、不按规范程序进行招投标、专家打分不公正、合同条款不严谨、不规范、寻租行为等。

4. 合同履约阶段。

合同履约阶段是在购买过程完成之后进入的关键环节。对购买主体而言，这一阶段合同的履约情况，不仅决定了所购公共服务项目的质量和效益情况，而且从宏观上看，还反映了政府向社会力量购买公共服务这一制度创新在实践中落实的成效。此阶段工作的实际执行者是众多接受委托或中标的承接主体。此时承接主体的诚信程度、专业能力、组织能力和执行能力就成为关键。在这一阶段最容易出现的问题和存在的风险，就是承接主体不按照合同要求履约，缩小服务范围、降低服务标准和服务质量、减少服务内容和服务数量等。

5. 绩效评价阶段。

绩效评价阶段是政府向社会力量购买公共服务工作链条的最后一个环节，也是最为重要的监督环节之一。具体而言，就是通过第三方机构，将政府向社会力量购买公共服务的结果，对照前期设定的绩效目标进行优劣评价，并通过绩效评价结果的运用，促使所有购买主体和承接主体关心和关注提高购买公共服务的质量与效益，避免财政资金的浪费和造成公众对政府向社会力量购买公共服务的不信任。此阶段最容易出现的问题和存在的风险，是绩效评价目标设定不清晰、评价指标体系设计不科学、评价方法不合理、对第三方机构缺乏有效管理、专家管理不严格、绩效评价结果缺乏实际运用等。

（四）将财政监督工具和手段嵌入政府购买公共服务全过程各阶段

针对上述政府向社会力量购买公共服务的流程分解，以及对每一流程阶段最容易出现的问题和存在的风险，利用财政监督工具和手段的可嵌入性特征，将各种财政监督工具和手段嵌入到政府向社会力量购买公共服务各个流程阶段，从而形成全过程财政监督机制，不仅能够有效落实财政监督责任，而且能够大大提高财政监督的效率。

1. 需求形成阶段的嵌入。

在需求形成阶段，作为政府向社会力量购买公共服务的法定监管主体，财政部门首先应当基于监管者的主体责任，对政府所要购买的"公共服务"做出明确的概念界定，并将其写入政府购买的法律法规之中，以此保证购买主体思路清晰，导向明确，进而在其确定购买公共服务需求时，有明确的法律依据。其次，要求所有购买主体制定具体的政府向社会力量购买公共服务清单，由财政部门进行审核批准，并对其实施动态监管。再次，各级财政部门应当加强对政府向社会力量购买公共服务需求立项审批的制度化监管，促使各级各类主管部门增强责任意识，明确要求凡是与社会公众关系密切的购买公共服务项目，必须履行事前调查研究程序，凡未履行该程序的需求申请,一律不得进入审批环节。由此逐渐形成需求导向型的政府向社会力量购买公共服务供给理念,实现公共服务与公众需求的对接。最后,强化政府向社会力量购买公共服务绩效目标管理。要求各部门、各单位在设置政府向社会力量购买公共服务项目的绩效目标时,必须与自身发展规划和服务目标紧密结合,科学合理制定。财政部门通过严格审核绩效目标设定的科学性和合理性,来约束购买主体在需求立项中可能发生的随意性和长官意识。

2. 预算管理阶段的嵌入。

在预算管理阶段,财政部门首先应当要求各部门、各单位细化政府向社会力量购买公共服务的预算编制,改变当前购买公共服务项目预算编制粗糙、水平低下的问题。不仅要明确要求各购买主体在编制预算时必须做到支出按功能分类细化到"项"级科目、按经济科目细化到"款"级科目,而且还要说明支出预算的依据和标准。再次,强化部门预算和政府向社会力量购买公共服务预算编制的紧密衔接。应当在部门预算的政府采购预算表中,将政府向社会力量购买公共服务预算单列出来,以区别于其他辅助性和机关后勤类服务的政府采购资金预算,清晰反映政府向社会力量购买公共服务的规模与结构,从而从制度层面上落实政府预算必须公开透明的现代政府治理理念。再次,强调部门预算编制的完整性原则,凡属政府向社会力量购买公共服务项目,其所需资金必须全部列入部门预算和单位预算,不能有例外。最后,健全政府向社会力量购买公共服务预算编制管理体系。财政部门应当要求各部门尽快建立政府向社会力量购买公共服务支出标准体系,大力推进政府向社会力量购买公共服务项目库的建设,逐步实现项目库建设、支出标准体系建设、项目预算编报、购买资金安排、预算审查批复等方面的规范化管理,从而真正健全预算编制管理体系,提高政府向社会力量购买公共服务预算编制的科学化、规范化。

3. 服务购买阶段的嵌入。

在服务购买阶段,规范购买行为,保证公开、公正、公平,防范道德风险,是财政监督的重点。为此,第一,财政部门要强力推进政府向社会力量购买公共服务信息公开,要求所有政府购买公共服务项目,无论选用哪种方式进行,都必须在指定媒体渠道向公开购买信息,包括购买的公共服务项目、服务内容、购买规模、服务标准、服务期限和对承接主体的资质要求等,从而实现全社会对该项购买公共服务活动的监督。第二,要严格规定政府向社会力量公共服务的购买方式。财政部门要明确规定何种情况可以选择何种方式进行公共服务购买,以约束购买主体不能随意选择购买方式,防止购买主体利用各种手段化整为零、避重就轻、破坏公平竞争。第三,财政部门要加强对评审专家的管理。要严格按照财政部颁发的《政府采购评审专家管理办法》规定的条款,选聘、解聘、抽取、使用和监督管理评审专家,对专家库实行动态管理，对不合格专家及时清理，并及时增补新的合格专家。第四，严格规定招投标规范化程序。公开招投标招标是《政府采购法》规定的政府向社会力量购买公共服务方式之一，也是一种最具有竞争、公开透明程度最高的一种方式，任何部门和单位通过招投标方式购买公共服务时，都必须照此执行。财政部门应当根据政府采购招投标程序，明确政府向社会力量购买公共服务的招标前准备、招标、投标、开标、评标与定标等标准流程，并以此作为财政部门对招投标过程进行监督的重要依据。购买主体和招标人如有违反规范化程序进行招投标活动的，财政部门有权责令其取消招投标活动或认定中标结果无效。第五，必须加强合同内容管理。财政要明确要求在政府向社会力量购买公共服务合同中，必须载明购买公共服务的内容、期限、数量、质量、价格、资金结算方式、双方的权利义务事项和违约责任等内容，以此治理和约束政府购买公共服务合同订立过程中存在的各种不规范、不完整的问题。第六，加强政府向社会力量购买公共服务中的资金支出管理。应当强调必须通过财政监督部门、主管部门和国库管理部门的协同配合，才能完成资金的支付。应当以"金财工程"（GF-MIS）为依托，建立政府向社会力量购买公共服务执行信息系统，将购买主体、主管部门和财政国库支付中心的职能流程相分离，分别授予其相应权限，使其相互监督，形成制约关系。

4. 合同履约阶段的嵌入。

在合同履约阶段，财政部门应当建立政府向社会力量购买公共服务合同履约监管制度和"承接主体黑名单"制度。具体做法是：第一，建立政府向社会力量购买公共服务合同履约监管制度。一方面，要明确规定购买主体必须履行购买公共服务合同管理责任，督促承接主体严格履行合同，及时了解和掌握所购买的公共服务项目实施进度，严格按照国库集中支付管理有关规定和合同执行进度支付款项。另一方面，也要明确承接主体应当按合同履行提供服务的义务，保质保量地实施服务项目，按时完成服务项目任务，严禁转包行为。同时，财政部门应当建立定期或不定期抽查各部门、各单位的购买公共服务合同及其履约情况的监督检查机制。对购买主体不认真履行合同管理责任、放任承接主体随意违约或不按合同约定履约的，财政部门不仅要责成其及时改正，还可在下一年度削减其购买公共服务预算指标。第二，建立"承接主体黑名单"制度。对不认真履约或履约不力的承接主体，财政部门应将其纳入"承接主体黑名单"，并向社会公开公示。同时规定凡纳入黑名单的承接主体，三年之内不得再参与政府向社会力量购买公共服务活动。三年之后，需经财政部门和主管部门重新审核之后，方能重新取得参与政府向社会力量购买公共服务活动的承接主体资格。

5. 绩效评价阶段的嵌入。

在绩效评价阶段，第一，财政部门要建立科学可行的政府向社会力量购买公共服务绩效评价指标体系。绩效评价指标体系设计，应当紧密结合政府向社会力量购买公共服务的特点，坚持绩效评价内容全面、方法科学、制度规范、客观公正、操作简便的基本原则，增强绩效评价指标体系的适用性、可比性和准确性。第二，不断完善绩效评价方法。为了增强政府向社会力量购买公共服务绩效评价的社会公信力，财政部门应当不断检查和总结绩效评价方法的优缺点，适时改进绩效评价方法，通过不同评价方法的最佳组合，弥补各种非客观因素所造成的评价结果误差，使绩效评价更加客观真实，与实际情况相符。第三，提高公众满意度指标占比。政府向社会力量购买公共服务与其他政府购买服务的最大区别，在于其服务对象就是社会公众。增加公众满意度指标占比，不仅能够体现公众对政府购买公共服务回应自身需求的满意程度，而且也可以打破传统的来自政府序列自上而下的评议制度中，忽视社会公众利益和需求的局限，真正将自上而下的评价与自下而上的评价结合起来，形成相互补充。而公众满意度的结果，可以为今后政府调整施政方略提供有益的参考。第四，加强对第三方评级机构和评价专家管理。财政部门可专门制定出台"政府向社会力量购买公共服务绩效评价管理办法"，明确规定第三方机构在政府向社会力量购买公共服务绩效评价中的地位与作用，并规定第三方机构绩效评估的原则、考核指标、考核方式、考核结果运用以及专家管理等内容，使第三方机构在绩效评价中有明确的制度依据。第五，强化对政府向社会力量购买公共服务绩效评价结果的运用。建立绩效评价的应用机制，明确规定具体奖惩办法，即明确规定绩效评价优秀应当获得的表彰或奖励，较差应当扣减预算的比例，以及如何追究部门和单位领导者的相关责任。

（五）制定相关配套政策

为保证政府购买公共服务全过程财政监督机制的实际运用效果，必须有相应的配套政策加以支持。

1. 完善权责明确的政府向社会力量购买公共服务财政监督管理体制。

首先，要明确财政内部和外部不同层级之间、不同部门之间在财政监督中的地位和作用，即划分纵向和横向的权责关系。通过清晰的权责划分，使得各级政府、各部门、各单位都明确知晓自己在政府向社会力量购买公共服务方面的监督职责和可行使的监督权力，从而避免因权责划分不清导致的监督不力问题。其次，要明确政府外部监督力量的地位和作用，鼓励各种社会力量积极参与政府向社会力量购买公共服务的监督之中，以协助财政部门多方位、全角度监督政府向社会力量购买公共服务制度的运行情况。

2. 健全政府向社会力量购买公共服务的法律法规体系。

完善政府向社会力量购买公共服务的法律法规，用法律明确购买公务服务的范围，保证购买程序的法定性。尽管《政府采购法》是一部程序性很强的法律，但其对政府向社会力量购买公共服务的具体规定却很模糊，导致实际购买公共服务过程有着很大的自由操作空间。因此，必须要以立法的形式对公共服务按其性质进行严格的分类，明确规定各种购买行为的程序，减少购买主体的自由裁量权，保证政府向社会力量购买服务在公开、透明的法制环境中运行，从源头上明确政府向社会力量购买公共服务的购买主体资格、购买内容、购买对象、购买规程及购买资金管理等，从而使财政监督有更加明确和充分的法律依据。

3. 建立公平开放的政府向社会力量购买公共服务市场规则。

一方面，通过建立公平开放的政府向社会力量购买公共服务市场规则，公正的选择公共服务承接主体，实现所购公共服务物有所值的目标，能够实现政府向社会力量购买公共服务的制度目标。另一方面，只有公平开放，才能让更多的竞争者进入政府向社会力量购买公共服务市场，也才能让更多的市场主体和社会公众关注和了解购买活动的过程和结果是否存在问题，并协助财政部门进行监督。

4. 大力培育和发展社会组织。

大力培育和发展社会组织，是建构公民社会的基本内容，也是促进政府向社会力量购买公共服务市场健康发展的重要基础。政府积极主动地促进和帮助社会组织成长，可以创造良好的政府向社会力量购买服务的社会土壤。只有当大量战略定位清晰、组织结构完整、运作成熟、服务能力强且高度专业化的社会组织存在时，政府向社会力量购买公共服务市场的竞争才能够更加充分，公共服务购买主体对承接主体的选择余地才大，不但可以增加政府向社会力量购买公共服务的议价空间，而且还能大幅度提高所购公共服务的供给水平。不仅如此，只有大量成熟的社会组织参与到政府向社会力量购买公共服务领域的竞争之中，才会在无形之中形成一种自发的相互监督机制，即社会组织之间的相互监督、社会组织对购买主体和中介机构活动的监督，从而对财政监督机制的有效运行打下良好的社会环境基础和起到积极的帮助作用。

参考文献：

1. 赫伯特·西蒙：《管理行为》机械工业出版社出版2007年版。
2. 弗雷德里克·温斯洛·泰勒：《科学管理原理》，机械工业出版社出版2013年版。
3. 杨燕英：《政府购买公共服务的几个基本问题——基于前期调研的思考》，载于《中国政府采购》，2016年第12期。

4. 杨燕英、刘腾飞、杨琼：《构建政府购买公共服务全过程预算监督机制》，载于《中国政府采购》，2017 年第 7 期。

5. 北京市社会科学基金项目课题研究报告：《北京市政府购买公共服务"模块化嵌入式"财政监督机制创新——基于风险管理导向的研究》（项目编号：14JGB082），负责人：杨燕英。

Building the Financial Supervision Mechanism of the Whole Process of Outsourcing Government Social Services to Social Forces Based on the Main Responsibility

YANG Yanying

Abstract：Outsourcing Government Social Services to Social Forces is an important system being advanced in our country to realize the modernization of government management system and ability. It is also an important move to strengthen social management and innovation, and to improve the way of the government public service supply. In recent years, the system has widely implemented throughout the country and has made great achievements. However, it shows a variety of problems and risks gradually, which calls for the improvement of risk awareness and risk prevention ability. Especially the financial sector, as the investor of the outsourcing government social services to social forces, it also plays a role of the public money manager. In the process of market-oriented public services purchasing, the financial sector must strengthen the supervision and administration of the outsourcing government social services to social forces from the perspective of responsibility for public spending. For this reason, this article will analyze the main responsibility of the financial sector for the outsourcing government social services to social forces, and according to which, building the financial supervision mechanism of the whole process.

Keywords：Outsourcing Government Social Services to Social Forces, Financial Supervision Mechanism, Main Responsibility

治理现代化视角下政府购买涉税服务的标准界定与程序规范*

王怡璞　朱婷婷**

摘　要：本文首先基于治理体系与治理能力现代化的角度，从理论角度分析了政府购买涉税服务与国家治理现代化之间的契合性。一方面，政府购买涉税服务是治理现代化的应有之义；另一方面，政府购买涉税服务也可以进一步促进治理现代化进程的实现。其次，通过梳理我国各地政府购买涉税服务的相关实践情况，本文总结了目前我国政府购买涉税服务中存在的问题。基于此，本文建议从购买主体与承接主体以及购买涉税服务的种类与范围这两个层面进行标准界定，这是目前税收治理领域实现多方主体共治需要考虑的一个关键点。同时，结合政府职能范围，着重探讨了中央、省级与地方等不同层级的政府可购买的涉税服务种类与范围。最后，本文进一步对政府购买涉税服务的程序进行了规范，以期能对政府购买涉税服务的改革提供一定的参考。

关键词：治理现代化　政府购买涉税服务　标准界定　程序规范

一、治理现代化与政府购买的契合性分析

（一）治理现代化的内涵与特征分析

党的十八届三中全会提出推进完善和发展中国特色社会主义制度、国家治理体系和治理能力现代化是全面深化改革的总目标。国家治理现代化战略进入了中国特色社会主义制度的框架体系，这就要求我们以全新的角度思考国家治理现代化的问题。党

---

* 本文得到国家自科青年基金（71603299）、教育部青年基金（16YJC790104）、中央财经大学青年创新团队2017"新常态下城市财政健康与中长期财政风险化解研究"等课题的支持。

** 王怡璞：中央财经大学财政税务学院讲师、博士；朱婷婷：中央财经大学财政税务学院硕士。

的十九大报告进一步强调了要全面深化改革，不断推进国家治理现代化建设，打造共建共治共享的社会治理格局。

诸多学者纷纷对治理现代化的内涵与要求进行了论述。其中，俞可平（2014）认为，国家治理体系是对行政行为、市场行为以及社会行为进行规范的一系列制度和程序，从中央到地方政府各个层级、从政府治理到市场治理再到社会治理，各种制度安排是一个有机统一、相互协调的整体。魏崇辉（2014）指出，国家治理是国家主导下的多元主体共同治理，他认为社会主体是国家治理多元主体的重要主体之一，所以，国家治理体系应该包含政府治理以及社会治理。按照他的观点，现代化的治理能力可以通过法治与民主的方式，由现代化的治理体系转化而得。薛澜等（2015）认为推进国家治理现代化就是要培育多元意识，鼓励社会组织、公民参与治理，进而使得国家在制定、执行相关规则或者提供相应服务的过程中实现与社会"双赢"，最终促进国家治理水平的提高。郑言（2014）指出，中国式的国家治理是适应时代的要求，通过不断创新治理机制和治理模式来实现多领域的协同治理，强调政府与社会等其他多元主体自愿合作，这不同于西方国家通过过度强化市场作用来限制政府权力的国家治理。另外，他强调国家治理能力的建设是一个动态的过程，不但需要应对现有政策挑战，还须考虑未来发展中的新问题，要有一定的预见力与管控力，不断创新治理方式以应对发展中凸显的问题。江必新（2014）提出，国家治理强调政权的创造者、管理者和利益相关者等多种力量合作管理，通过不断创新治理方式，最终实现国家治理的最佳效果。

国家治理现代化包括国家治理体系现代化和国家治理能力现代化两个方面的内容。陈亮、王彩波（2014）提出，从国家构建理论来看，国家治理体系现代化是指要厘清政府治理公共事务的范围界定和功能定位，在充分发挥市场对资源配置决定性作用的基础上，提升社会组织的参与性，建立起由多元主体构成的现代化国家治理体系；而国家治理能力现代化是指在公共事务的治理中，政府制定、执行决策能力的民主化、法制化、科学化。在治理能力与治理体系现代化的关系上，俞可平（2014）强调，国家治理能力的提高依赖于良好的国家治理体系的建立，同时，国家治理能力的提高也体现了国家治理体系效能的充分发挥。

总体而言，治理现代化更加强调的是社会中的多元主体，以互动、协商、合作等更加开放的方式来形成多样化的公共事务治理模式。多元主体的协同治理是治理的核心。国家治理体系现代化的重点在于建立多元主体参与、协调统一的国家治理体系。而国家治理能力现代化强调综合多种治理要素，充分运用"互联网+"时代下大数据等现代化治理技术手段，提升管理社会各方面事务的能力。

（二）政府购买涉税服务与治理现代化的理念契合

一方面，政府购买涉税服务是治理现代化的应有之义。政府将部分能由市场来提供的涉税服务交由社会组织来提供，形成"政府—市场—社会组织—纳税人"的治理模式，正是国家治理现代化在财税领域的体现。政府购买涉税服务，是财税治理工具现代化的一个重要特征，通过向社会组织购买涉税服务，将高校等事业单位以及会计师事务所、税务师事务所、律师事务所等中介机构纳入税收治理的参与范围，有利于建立起涉税服务领域的多方共治体系，充分发挥多方主体在税收治理中的作用。同时，通过对纳税人服务的强调，有利于税收遵从环境的培育，进一步提升税收征管环境的透明性，形成协商共治的税收征管环境。

另一方面，政府购买涉税服务的推广也可以进一步促进治理体系与治理能力的现代化进程。在治理体系的完善上，政府、市场与社会共同治理，有利于优化纳税服务，满足纳税人更多的合理需求，构建起良好的税收征纳关系，实现国家的长治久安。从国际范围的角度出发，特别是在经济全球化以及由我国主导的"一带一路"倡议的大背景下，税收多方共治体系的建立与运行能带来更多的国际税收信息，对于增强我国"走出去"企业在进行对外投资等经济活动过程中的相关涉税风险防范能力大有裨益。在对治理能力的提升上，对涉税服务的政府购买，是对社会治理功能的一种加强。在我国经济发展进入新常态的新形势下，建立税收治理领域的多方共治制度也可以进一步提升国家的治理能力，政府购买涉税服务可以充分利用社会组织的资源优势，提升税收征管效率，弥补税收征管漏洞，减少信息不对称带来的基层税源流失。

二、政府购买涉税服务现状分析

随着政府采购服务的广泛推进，各地政府也在致力于构建税收共治格局，积极探索在税收治理领域向社会购买涉税服务，将税务师事务所、会计师事务所等中介机构纳入税收治理的主体范围，与政府机构合作参与税收治理。

（一）各地不同层级政府购买涉税服务的实践情况

表1可以看出，北京、广东、天津等省份已经纷纷在政府购买涉税服务的进程中

实现了一定的突破,在政府与市场、社会合作进行税务治理的过程中,充分发挥税务机关、中介组织等相关主体各自的优势,提高税收征管效率的同时优化纳税服务。也需要注意到的是,这些地区大多集中于经济发展水平较高的地区,经济较落后的地区实现创新措施的相对较少。承接主体大多为税务师事务所等中介机构及其内部相关专业人员,相应地,购买方式则以招标与聘请为主。购买内容方面,各地购买的涉税服务相对比较集中,大部分侧重于税源清查以及土地增值税、企业所得税的清算等方面。

表1　　　　　我国各地部分政府购买涉税服务实践一览表①

时间	地区	购买主体	承接主体	购买方式	购买内容
2008年	北京	丰台区国税局	国嘉亚太（北京）税务师事务所	委托	企业所得税纳税评估
2008年	四川成都	武侯区国税局	税务师事务所	招标	企业所得税汇算清缴纳税申报鉴证
2009年	天津	北辰区国税局	税务师事务所	委托	纳税评估和税务审计
2009年	安徽	合肥国税局	税务师事务所（主要是具有中级会计职称的注册税务师）	聘请	纳税评估
2009年	山东	东营市地税局	税务师事务所注册税务师	聘请	企业所得税重点税源清查、土地增值税清算、企业所得税汇算清缴、税务稽查
2010年	河南	洛阳市国税局	税务师事务所注册税务师	聘请	所得税汇算清缴评估
2010年	河南郑州	二七区国税局	税务师事务所	招标	纳税评估
2015年	安徽	休宁县地税局	税务师事务所、会计师事务所	公开招标	税收评估、鉴证、审核
2015年	云南	德宏州国税局	信息技术服务单位	招标	涉税技术服务
2016年	贵州铜仁	德江县地税局	税务中介机构	招标	专门针对德江玉龙湖房地产开发有限公司进行企业所得税、土地增值税及其他相关税费的清算鉴证
2016年	新疆	五家渠国税局	中介机构	招标	土地增值税清算鉴证审查服务、企业所得税汇算清缴审查服务、企业注销税务登记税款清算审查服务
2016年	广东	广州市国税局	邮政	单一来源采购	邮政配送发票

① 根据各地国税、地税局官方网站公布新闻整理而得。

（二）政府购买涉税服务现存问题

由于我国政府购买涉税服务还处于探索初期，各地政府在执行政府购买涉税服务的过程中还不可避免地存在一些亟待解决的问题，体现在以下几个方面：

1. 不同层级政府购买涉税服务的内容与种类尚未统一。

从各地的实践来看，各省政府购买涉税服务的购买主体一般为各地的国家税务局或者是地方税务局，但由于缺乏国家层面的统一政策规定的指引，各地税务机关在具体购买涉税服务的过程中，所采购的涉税服务内容、种类、形式等并没有比较清晰、明确的划分，比如向中介机构购买企业所得税的汇算清缴以及土地增值税的汇算清缴等纳税评估和鉴证服务的购买主体既有各省、市国家税务局，也有各地市、县级地方税务局。国家层面不同层级政府可购买的涉税服务内容与种类统一划分的缺失，使得各地政府在实践执行中存在一定混乱的情况。

2. 税务机关购买涉税服务的范围选择有限。

目前来看，我国北京、四川、安徽、云南、广东、新疆等地都已经开展了政府采购涉税服务的实践，但是各地税务机关购买的涉税服务的范围选择比较狭窄，大多集中于纳税评估、土地增值税清算、企业所得税的汇算清缴、税源调查与分析等方面。在我国税制改革上升到国家治理层面的背景下，税务机关受制于信息不对称、工作范围等因素，政府采购涉税服务的范围应该更加广阔。属于事务性的管理服务都可以尝试引入竞争机制，诸如大企业税收风险管理、"走出去"企业纳税服务、特别纳税调整、涉税法律咨询等比较复杂专业的内容应该纳入政府购买涉税服务的范围，通过合同、委托等方式向社会购买。

3. 承接主体较为单一。

在各地实行政府购买涉税服务的过程中，各地政府通过各种方式所确定的涉税服务承接主体较为单一，大多数就是以税务师事务所为代表的中介机构，或者直接就是税务师事务所等中介机构内具备相应资格的注册税务师等税务专家。只有少部分地区的承接主体是税务师事务所之外的机构。例如，广东省广州市 2016 年为了缓解"营改增"所带来的新增纳税人领购发票困难的问题，实行向邮政购买发票送达服务，将发票直接邮寄到纳税人所在地；另外，云南省德宏州国家税务局为方便纳税人适应网上办税服务平台，向 6 家信息技术服务单位购买相应的涉税信息技术服务。实际上，政府购买涉税服务的承接主体可以根据政府购买涉税服务的内容来进行针对性与多样化的选择。例如，对于一些涉及专业法律知识的涉税服务就可以考虑交由律师事务所来负责，而一些涉税课题的研究就可以考虑与高校合作。

4. 购买方式多样化欠缺。

政府购买公共服务可以采取招标、单一来源采购、竞争性谈判、合同外包、委托、租赁、特许经营以及战略合作等多种不同的购买方式。但是在政府购买涉税服务的具体实践中,购买方式多集中于招标方式,对于其他的一些购买方式较少被各地所采用。事实上,政府购买公共服务的多种购买方式各有特点,也有其各自所具体适用的范围限制。在实践中,针对不同需要实行政府购买的涉税服务采用其具体适用的采购方式,能更加充分地发挥多主体共治的作用,提升政府购买涉税服务的效率。

5. 购买程序规范性有待加强。

从我国目前政府购买涉税服务的实践来看,虽然大多数政府购买涉税服务采用招投标的方式,大部分购买主体与承接主体在购买的过程中也签订了相应的合同,但是,总体来说政府在向社会购买涉税服务的过程中还是存在一定程度上的程序缺失问题。为了提升涉税服务提供效率以及降低购买成本,进一步规范我国政府购买涉税服务的程序显得尤为重要。

近些年来,政府购买公共服务的研究逐渐成为热点,包括政府对公共就业服务、养老服务的购买等方面。然而,对涉税服务的研究还相对薄弱,这在一定程度上说明政府购买涉税服务的力度还有较大的提升空间。传统观点中,涉税事项应全部由税务机关承担,但是由于税务机关面临的信息不对称,工作约束等客观性因素,会给征管过程的顺利实施带来一定的阻碍。最近几年,税企之间的争议逐渐增多,急需引入第三方力量解决这些矛盾,这也从另外一个侧面说明促进政府购买涉税服务改革的必要性。

三、治理现代化视角下政府购买涉税服务的标准界定

政府购买涉税服务需要考虑的要素主要包括购买主体、承接主体、购买范围或内容、购买方式与购买程序等。我国尚未并未对这些因素进行明确的标准界定。因此,制定一个统一的政府购买涉税服务的标准,是目前我国探索建立税收治理领域的共治体系所要考虑的一个关键点。

(一)政府购买涉税服务购买主体与承接主体的界定

政府购买涉税服务首先要明确购买主体与承接主体。按照相关文件的规定,政府购买服务的购买主体应该是各级行政机关和具有行政管理职能的事业单位,而承接主

体则包括在登记管理部门登记或经国务院批准免予登记的社会组织、按事业单位分类改革应划入公益二类或转为企业的事业单位，依法在工商管理或行业主管部门登记成立的企业、机构等社会力量。① 实践中，政府购买相应涉税服务的承接主体的确认，在一定程度上依赖于政府可购买的涉税服务范围。具体而言，政府购买涉税服务的购买主体主要应是各级税务机关，又可以分为中央、省级、基层三个层级；政府购买涉税服务的承接主体则可以是高校、会计师事务所、律师事务所、税务咨询公司等事业单位或中介企业。涉税服务的购买主体与承接主体在涉税服务的提供方面各具优势。

一方面，不同层级的税务机关作为涉税服务的购买主体，由于其政府机关的特殊身份，税务机关的一些工作人员能参与税收相关法律法规的起草与制定，所以税务机关自身在提供涉税服务的过程中，一般对税收相关法律法规的立法精神、适用情形有更为准确的理解，而且作为国家税收的征收机关，税务机关是最为明确税收征管程序的主体；另一方面，高校等事业单位作为培养研究型人才的主要基地，其在涉税课题研究等方面具有人才优势，而会计师事务所、税务师事务所以及律师事务所等中介企业则是在处理企业具体涉税问题时更具实操性与专业性的优势。在涉税服务领域构建政府与社会组织的共治格局，充分发挥各方的优势，对征税机关、纳税人以及社会组织三方来说都是有利而无害的。

（二）不同层级政府可购买的涉税服务种类与范围界定

政府在购买涉税服务的过程中，对于哪些涉税服务是政府必须购买的以及哪些涉税服务是政府不需要购买的，要有一个明确的标准界定和规范，特别针对是不同层级政府可购买的涉税服务，更需要制定一个清晰明确的范围划分标准。

总体而言，对涉税服务的政府购买，应考虑政府的职能性质，遵循政府购买公共服务的基本规定。不属于政府职能范围的，以及应当由政府直接提供而不适合交由市场的服务事项，不纳入政府购买服务的范围。政府购买涉税服务的种类应限定在一些适合采取市场化方式提供并且社会力量能够承担的涉税服务事项。另外，由于纳税人在空间上具有流动性，而且对于一些法人纳税人来说，其组织架构与经营业务会比较复杂，可能涉及国内跨省甚至是跨国。因此，考虑对不同层级政府可购买的涉税服务进行范围划分是很有必要的。首先从政府角度来考虑，对不同层级政府可购买的涉税服务制定一个标准有利于税务机关更有效地对相关纳税人进行征收管理；其次，从纳

---

① 《政府购买服务管理办法（暂行）》，财综〔2014〕96号。

税人的角度来说，不同层级的政府向相关主体购买不同的涉税服务能更好的优化纳税服务，降低纳税人的遵从成本。

1. 中央层级政府可购买的涉税服务种类与范围界定。

为了保证相关涉税服务的高效提供以及征管的便利性，对于一些涉及跨国界的、相对比较复杂的涉税服务，特别是涉及国与国之间税收利益甚至其他经济利益相互权衡的服务，其购买主体应主要考虑为中央层级的政府。

首先，从优化为我国企业提供的纳税服务角度来考虑，由于经济全球化进程的不断推进，特别是在我国倡导下的"一带一路"倡议提出后，我国越来越多选择了"走出去"，但由于各国之间税收制度的差异，这些企业不可避免地面临着海外投资经营将涉及的各种税收风险，同时在一定程度上也会涉及国与国之间的税收利益的权衡。为了能更好地服务于我国"走出去"企业，使得其在海外投资经营更具竞争力，目前来看，各国正在积极推进国家间以及区域性税收协定的签订，而我国与其他国家的税收协定主要是由国家税务总局负责的，因此，在涉及"走出去"的涉税服务问题上，国家税务总局是最有发言权的主体，将"走出去"企业的涉税服务的采购主体交由国家税务总局来负责，符合效率原则。但是总体来说，国际税收领域的相关研究，在我国相对来说还是一个比较"新鲜"的领域，我国相关政府部门在国际税收方面的实操经验还比较欠缺；相反，一些业务线比较国际化的涉税专业服务社会组织，如四大会计师事务所等中介机构有全球化的业务，其在国际税收相关服务方面的实操经验丰富，且这些中介机构大多偏商务角度，能更全面地考虑企业的涉税风险等相关问题。国家税务总局对有关协定、安排或政策法规出台背后的立法精神的了解，辅之相关社会中介企业偏商务角度的跨国性业务所带来的专业性一线实践经验，将在更大程度上优化针对"走出去"企业的纳税服务。

其次，从维护国家税收权益以及提升税收征管效率的角度来看，由于早年的发展战略，我国也引进了很多国外企业到我国投资经营，这些"引进来"的跨国企业在我国进行投资经营活动同样会涉及许多跨国税收问题以及国家之间利益的权衡。国外经济主体的增加使得属于我国法律意义上的纳税人越来越多，从表面形式来看，这将会在一定程度上为我国带来较为可观的预期财政收入，然而，我们不得不考虑这些跨国企业可能会为了企业自身的利润最大化，在企业内部配备大量专业人才甚至聘用一些社会上的涉税实务专家，利用国内税法漏洞或者滥用国家之间的税收协定以避免其收入在我国缴纳税款。为了维护我国的征税权益，我国政府必须对相关企业进行有效监管，同时考虑采取相应的反避税手段来防止出现税源流失现象。但目前来看，我国税务机关配备的一线税收管理人员明显不足，而且税务实操能力方面，特别是涉及国际税收相关问题，税务机关还是具有一定的局限性，税务机关在对这一类型企业进行税收管理时会处于相对劣势地位。相反，一些大型的国际化会计师事务所、税务师事务所等相关涉税中介服务机构拥有较多具备较高专业素质的工作人员，且这些涉税服务中介机构能更广泛真实地接触到企业一线业务，对相关企业的生产经营以及财务状况在一定程度上更为熟悉。若由中央层级政府向这些相关中介组织购买涉税服务，将在很大程度上弥补税务机关现行征管能力的不足，更好地利用中介组织的专业资源，提升税收征管的效率。

2. 省级政府可购买的涉税服务种类与范围界定。

对于一些涉及跨省份的相对比较复杂的涉税服务，其购买主体可以主要考虑为省级政府。经济的发展以及国内环境的稳定，使得我国近几年涌现了大量的大企业，其生产经营业务大多跨越省份，从税收角度来说，由于我国经济发展存在区域之间发展不平衡、东西部差距较大等问题，而税收收入作为政府财政收入的主要来源，大企业跨区域的经营业务势必会在一定程度上带来各省之间关于税收利益的权衡。为了能够更有效率地对于这些大企业进行税收管理，要求相关省级政府部门统筹开展针对相关大企业的税收风险分析。然而，由于大企业涉税问题的复杂化，大企业的税收管理仅依靠税务机关有限的资源是不够的，需要及时与事务所等中介机构合作，利用中介机构的优势，合作共治，设立由国税系统专业工作人员、高校专家以及中介的专业人员组成的大企业税收风险分析专家委员会，多方人员集思广益，形成高效、合理的大企业税收管理机制。

3. 基层地方政府可购买的涉税服务种类与范围界定。

一方面，对于税源管理、税收稽查以及一些地方税种的清算，如土地增值税清算等一些相对来说不是特别复杂的涉税服务，可以主要交由基层地方政府负责购买。从我国目前一些基层地方政府开展的政府购买涉税服务实践来看，例如，重庆市地税局以及海南省琼海地税局积极开展的购买土地增值税清算专项审核服务等。以基层地税机关作为税源管理以及税收检查等涉税服务的购买主体，通过公开招标、邀请招标、竞争性谈判、单一来源采购等方式确定相应的承接主体，构建地税系统与社会中介企业合作的机制是一种有效的涉税服务提供机制。各地地方税务机关应继续保持，并主动向其他省份基层税务机关分享采购经验，推动基层地方政府购买税源管理、税务稽查以及有关地方税种清算等涉税服务制度实现全国范围覆盖。

另一方面，基层地方政府可以根据实际工作中的需要以及纳税人的需求，积极创新可购买的涉税服务种类，力争实现最大限度地提升税收征管效率以及优化纳税服务。例如，云南德宏州国税局在顺应互联网时代要求，引进纳税信息服务平台的同时，充分考虑纳税人的实际困难，进而创新政府可购买的涉税服务，即向信息技术服务单位购买涉税技术服务，帮助纳税人尽快适应新的纳税服务平台。

4. 各级政府均可购买的涉税服务种类与范围界定。

按照我国现行税收征收管理办法实施细则的规定，纳税人在领取工商营业执照之后需要进行到税务机关进行税务登记，这有利于税务机关准确的掌握税源，但是这也在一定程度上增加了税务机关的工作量，同时也没有降低纳税人的纳税成本。因此，从减轻税务机关工作量以及降低纳税人税收遵从成本的角度考虑，可以对税务登记实行政府购买，但是为了保证税务登记工作的实际落实，可以实行由政府部门建立第三方并实行定向购买，即依赖关系非竞争性的购买模式[①]。另外，针对一些非上市企业的转让定价管理，我国税务机关在审核评估、调查调整企业与其关联方之间业务往来是否符合独立交易原则方面的能力还比较欠缺，这些局限在一定程度上可能会导致税务机关不能完全真实地核定相关企业的收入、利润等情况，不能准确地判定相关交易的公允价值。一方面，若判定的公允价值高于企业的实际水平，将会给企业带来不利；另一方面，则可能会导致税源的流失。出于提升税务机关转让定价管理能力的考量，我国各级税务机关可将针对关联交易的公允价值判定，委托专业的中介机构购进行。

总之，中央、省市、基层地方政府可购买涉税服务的种类与范围界定应遵循体现涉税服务收益范围以及兼顾政府职能和行政效率的基本原则，结合我国现有中央与地方政府职能配置和机构设置，对于一些体现国家主权、维护统一市场以及受益范围覆盖全国的涉税服务可以考虑交由中央负责，例如关于国际税收的相关涉税服务由中央政府作为购买主体；同时，充分发挥地方政府尤其是县级政府组织能力强、贴近基层、获取信息便利等因地制宜加强区域内事务管理的优势，将国内地区性的一些对基本信息需求量大的涉税服务由地方负责，如一些地方税种的税源管理、税收清算等涉税服务可由地方政府主要负责并选择向相关社会组织购买，构建相应的税收共治格局。

四、政府购买涉税服务的程序规范

在政府购买涉税服务的过程中，涉税服务的购买程序是否规范、公正，将直接影响最终的购买结果。因此，在政府购买涉税服务的实际工作中，建立政府购买涉税服务的规范的购买程序和统一的制度，对于促进涉税服务提供效率的提高以及降低购买成本来说是必要的。总的来说，政府购买涉税服务应包括以下几个程序（如图1所示）：

---

① 王浦劬，［美］莱斯特·M. 萨拉蒙等著：《政府向社会组织购买公共服务研究：中国与全球经验分析》，北京大学出版社 2010 年版。

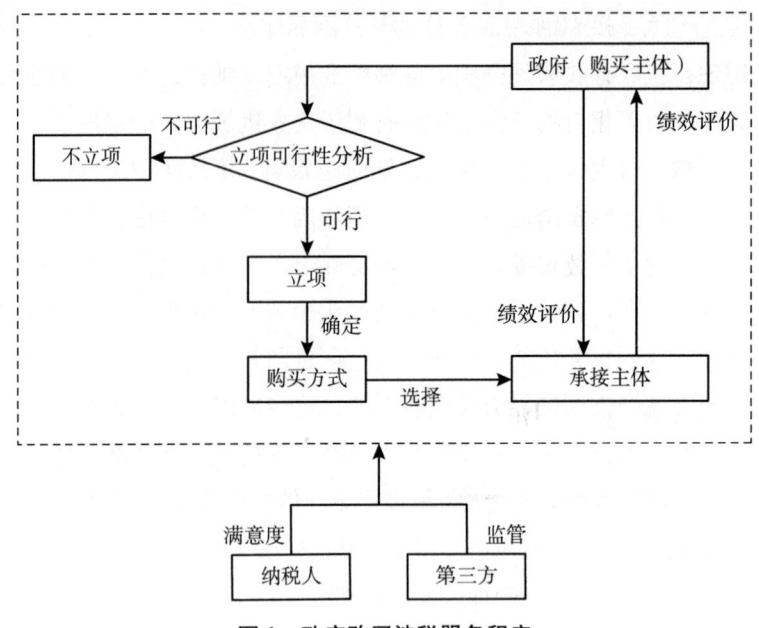

图 1 政府购买涉税服务程序

（一）确定项目立项的可行性

政府应充分利用大数据等技术手段，全面收集社会和纳税人关于涉税服务需求的相关信息，切实了解服务接收方的真实需求，同时参照社会发展总体规划和财政计划，考虑多方面的因素，涉税服务的范围，进而明确确定项目是否确实需要政府向社会购买以及购买该项目是否具有可行性，最终制定具有可操作性的整体规划，包括确定需要向社会组织购买的公共服务项目、质量和数量以及相应的预算方案。

（二）选择适合的购买方式

政府购买涉税服务的方式可以参考政府购买公共服务的方式进行选择，目前我国政府向社会组织购买公共服务的购买方式主要有独立关系竞争性购买、独立关系非竞争性购买以及依赖关系非竞争性购买[①]。其中，独立关系竞争性购买是指购买主体与承接主体之间无依赖关系，是相互独立的，政府作为购买主体通常采用公开招标的方式来选择确定最适合的承接主体，同时购买主体与承接主体签订相应的合同，规定双方的权利与义务；独立关系非竞争性购买方式下，购买主体与承接主体同样也是相互

---

① 王浦劬，[美] 莱斯特·M. 萨拉蒙等著：《政府向社会组织购买公共服务研究：中国与全球经验分析》，北京大学出版社 2010 年版。

独立的，只是在选择承接主体的程序上，购买主体通常不采用公开招标的方式，而是采用非竞争性的方式，直接向具有良好社会声誉的专业程度高的社会组织定向购买服务，当然，双方也需要相应的合同，按合同履约；顾名思义，依赖关系非竞争性购买则是指购买主体与承接主体之间并不相互独立，承接主体通常是政府部门为了购买服务任务而建立，一般实行定向购买。政府购买涉税服务时可以根据预先制定的预算计划，考虑成本、收益以及效率等因素，选择最有利于实现购买结果达到帕累托最优状态的购买方式。

（三）明确承接主体的范围

在确定立项之后，政府部门需根据具体需要购买的涉税服务种类，确定适合且能够提供该类型服务的承接主体范围。首先，对于一些可以交由独立于政府部门之外的社会组织负责的项目，就通过确定具体的购买方式确定有能力的社会组织作为该项目的承接主体，例如，若是进行企业所得税、土地增值税等相关税种的汇算清缴，可以与实操专业能力较强的涉税中介组织合作，具体可以考虑由会计师事务所或者税务师事务所作为承接主体；若是一些涉及合同纠纷或者需要援引税法以外的其他法律的事务处理，可以考虑将律师事务所纳入该项购买的承接主体范围；另外，如果是一些课题研究之类的事务可以考虑向高校等事业单位进行购买，与高校教授等研究人员合作；而涉及一些创新形式的涉税服务购买，如现代化涉税信息技术服务的购买则考虑由相关的信息技术服务公司作为承接主体，等等。其次，对于像是税务登记服务的购买，考虑到税务登记信息的准确对于税收征管的重要性，可以考虑由政府部门设立第三方机构实施定向购买。

（四）监督合同的履约情况

无论是政府购买涉税服务时采取何种购买方式，购买主体与承接主体之间都需要签订相应的购买合同。涉税服务的承接主体在提供服务的过程中，应该严格按照合同约定的涉税服务条款、合同确定的项目方案提供相应的涉税服务。作为购买主体的政府部门应对承接主体的合同履约情况实施有效的监督，保证涉税服务的有效提供。

（五）进行项目的绩效评估

对政府购买涉税服务的具体项目进行绩效评价，有利于社会公众了解政府购买涉税服务的具体落实情况，并及时对政府购买涉税服务相关各方进行有效监督，同时通过对最终结果的分析，可以对政府购买涉税服务这一新制度探索是否具有继续实行的必要性以及可行性提供参考；最重要的是通过对现行政府购买涉税服务的承接主体提供相应涉税服务的实际效果进行绩效评价，也是对承接主体服务提供能力的一种反馈，进而对下一轮政府购买涉税服务选择相应承接主体提供一定的参考标准。因此，建立一套专门针对政府购买涉税服务的绩效评价体系是很有必要的。

政府购买涉税服务属于政府购买公共服务的内容之一，所以政府购买涉税服务的绩效评价工作应该按照政府购买服务的绩效评价工作的相关要求，建立全过程预算管理机制，并加强成本效益分析。对政府购买涉税服务进行绩效评估，主要包括内部评估和外部评估两个方面。内部评估主要是指购买主体与承接主体双方互相评估。一方面，政府部门作为购买主体，需要对承接主体的合同履约情况以及日常执行能力及效果确定一个衡量标准，以判断相关承接主体涉税服务提供的有效性；另一方面，对于一些确实需要交由独立于政府部门的第三方社会组织提供的涉税服务，承接主体则应特别关注政府在选择承接主体时是否能够落实公开公平的竞争机制，通过招标、外包等方式向真正具有承接能力的承接主体购买涉税服务。外部评估主要包括纳税人以及相关部门的评估。纳税人作为政府购买涉税服务的主要服务对象以及管理对象，其满意度能在一定程度上反映政府购买社会涉税服务在服务提供方面的实际效果。

参考文献：

1. 王浦劬、[美] 莱斯特·M. 萨拉蒙等：《政府向社会组织购买公共服务研究：中国与全球经验分析》，北京大学出版社 2010 年版。

2. 王浦劬、[英] 郝秋笛（Jude Howell）等：《政府向社会力量购买公共服务发展研究：基于中英经验的分析》，北京大学出版社 2016 年版。

3. 俞可平：《推进国家治理体系和治理能力现代化》，载于《前线》，2014 年第 1 期。

4. 江必新：《国家治理现代化基本问题研究》，载于《中南大学学报（社会科学版）》，2014 年第 6 期。

5. 魏崇会：《当代中国国家治理现代化的理论指导、基本理解与困境应对》，载于《理论与改革》，2014 年第 2 期。

6. 陈亮、王彩波：《国家治理现代化：理论诠释与实践路径》，载于《重庆社会科学》，2014 年第 9 期。

7. 郑言、李猛：《推进国家治理体系与国家治理能力现代化》，载于《吉林大学社会科学学报》,2014 年第 3 期。

8. 薛澜、张帆、武沐瑶:《国家治理体系与治理能力研究:回顾与前瞻》,载于《公共管理学报》,2015 年第 7 期。

9. 王春雷:《建立健全与国家治理现代化相匹配的现代税制》,载于《地方财政研究》,2015 年第 7 期。

10. 吕冰洋:《论推动国家治理的税制改革》,载于《税务研究》,2015 年第 11 期。

11. 朱兰波:《政府购买涉税专业服务的对策探析》,载于《注册税务师》,2016 年第 8 期。

12. 王社国:《论政府购买税收服务》,载于《经营者》,2016 年第 24 期。

13. 章辉:《政府购买服务类项目如何实施绩效评价》,载于《中国财政》,2016 年第 20 期。

14. 刘寅:《政府购买服务类项目绩效前评价案例解析——以×地区税务数据质量管理绩效前评价项目为例》,载于《财政监督》,2016 年第 22 期。

15. 章辉:《政府购买服务绩效评价的四重内在逻辑——政府购买服务项目绩效评价综述(上)》,载于《中国政府采购报》,2016 年 11 月 15 日。

The Standard Definition and Procedure of Government Procurement of Tax Service in the Perspective of Governance Modernization

WANG Yipu　ZHU Tingting

Abstract:Firstly, this paper analyzes the fitness between government procurement and the modernization of national governance from the perspective of modernization of governance system and governance capability. On the one hand, government procurement of tax services is the proper way to govern modernization. On the other hand, government procurement of tax related services can further promote the realization of the modernization process. Secondly, this paper summarizes the existing problems in the procurement of tax related services in our country by combing the relevant practice of government procurement of tax services. Based on this, this article suggested that our country need to define a standard about the buyers and the sellers, and the types of tax related services, which is a key point to consider. At the same time, in combination with the government's functional scope, the scope of the tax services can be purchased by governments at different levels of central, provincial and grassroots level. In the end, the paper further standardize the procedures of government procurement of tax services, so as to provide some reference for the reform of government procurement of tax related services.

Keywords: Governance modernization, Government procurement of tax services, Definition standard, Program specification